Das große Thüringer Weihnachtsbuch

Holzzimmer von 1561 aus Wallbach
Das „wütenige Heer“ (bei Wasungen)

Das große Thüringer

WEIHNACHTSBUCH

von

Ernst-Otto Luthardt

Mit Farbfotos

von Udo Pellmann

VERLAG WEIDLICH/FLECHSIG

Für Ingeborg, Susan und Annemarie
und unsere Freunde Resi und Edwin

Umschlag vorne: Weihnachtsmarkt in Erfurt
Umschlag hinten: Weihnacht (Öl auf Hartfaser,
von Armin Müller, Weimar)
Seite 2: Der Meininger Künstler G. Lilie schuf
für den »Thüringer Kalender« 1920 vorliegende
Illustration.

Die Deutsche Bibliothek – CIP-Einheitsaufnahme

Luthardt, Ernst-Otto:
Das grosse Thüringer Weihnachtsbuch /
von Ernst-Otto Luthardt.
Mit Farbfotos von Udo Pellmann. –
Würzburg : Weidlich/Flechsig, 1992
ISBN 3-8035-1365-0

Satz und Repro: Fotosatz Creatype, Leipzig
Farbreproduktionen: Magenta Lithographie
Druck: Druckhaus Darmstadt, Darmstadt
Verarbeitung: Chemnitzer Verlag und Druck, Zwickau
Printed in Germany
ISBN 3-8035-1365-0

Inhalt

Weihnachtsland Thüringen

Die Thüringer Weihnacht ist jene meiner Kindheit. Es gab noch viel Schnee dazumal, dafür war die Bescherung bescheidener. Auch sonst ist manches anders geworden, die Zeit weitergegangen. Um das zu erkennen, bedarf es eines gewissen Alters: Aus dieser Erinnerung wurde vorliegendes Buch geboren. Es wuchs durch Nachforschungen, Befragungen, Studien. So wurde der Vergleich zwischen dem, was war und dem, was noch vorhanden ist, möglich. Berücksichtigung fand der gesamte Brauchtumszyklus vom Martins- bis zum Dreikönigstag.

Diese Stahlradierung v. G. König (durch C. A. Schwerdgeburths Komposition beeinflußt) zeigt Luther im Kreise seiner Familie vor dem Weihnachtsbaum - den es zu dieser Zeit noch gar nicht gab.

Kein Zweifel: Das Weihnachtsland Thüringen hat ganz Originäres zu bieten. Hierzulande entstanden – von Ausnahmen abgesehen – die schönsten und bekanntesten deutschen Weihnachtslieder, der Christstollen wurde zuerst in Naumburg gebacken, und ohne den Erfindungsreichtum und die handwerkliche Fertigkeit der Lauschaer Glasbläser wäre die Welt um den gläsernen Christbaumschmuck ärmer. In Schweina, auf dem Antoniusberg, lodert seit uralten Zeiten das einzige Weihnachtsfeuer weit und breit, und in Schnett, auf dem Thüringer Wald, treffen sich am 2. Januar die «Hulleweiber» zu einem einmaligen Spektakel.

Das Weihnachtsland Thüringen ist zwar – und Gott sei Dank – anders als das vor allem durch seine Volkskunst bekannte erzgebirgische, aber nicht minder bedeutungsvoll und deshalb für jeden entdeckenswert. Ähnlich wie in Sachsen konzentriert sich das Brauchtum auf das Bergland; Interessantes ist jedoch auch aus anderen Gegenden überliefert beziehungsweise noch im Schwange. Das Vogtland, sächsisch, aber u. a. auch mit einem thüringischen Anteil, bringt die erzgebirgische und die thüringische Weihnacht zusammen.

Vorliegendes Buch ist vor allem zum Lesen und Betrachten, zum Aus-der-Hand-Legen und Weiterbeschäftigen gedacht. Dementsprechend sind Auswahl und Darbietung des äußerst umfangreichen Materials. Trotz sorgfältigster Recherche und Bearbeitung wird kein wissenschaftlicher Anspruch gestellt; dafür ein anderer: Es handelt sich um die bislang umfassendste und um eine in ihrer Art einmalige Würdigung der thüringischen Weihnacht in Wort und Bild. Die vielen historischen Abbildungen entstammen teils nur schwer zugänglichen Quellen und waren folglich nie so beisammen.

»Martin ist ein braver Mann ...«

Wotan, so heißt es, soll auf einem mächtigen Schimmel durch die germanischen Lande geritten sein. Hoch zu Rosse kam auch jener vornehme Offizier namens Martin des Weges, als er vor dem Stadttor von Amiens auf einen frierenden, halbnackten Bettler traf und mit dem Schwert, sonst zum Töten gebraucht, seinen Mantel zerschnitt und dessen eine Hälfte dem Armen gab. Nachts, im Traum, enttarnte sich der Beschenkte als Christus, worauf Martin Glauben und Profession wechselte und fortan als Einsiedler und Missionar wirkte. Wenig hielt er davon, Bischof von Tours zu werden. Als man ihm 371 dieses Amt antrug, versteckte er sich in einem Gänsestall, auf daß man ihn nicht fände. Doch er hatte seine Rechnung ohne die Gänse gemacht, die den Eindringling durch ihr aufgeregtes Geschnatter verrieten.

Die dummen Tiere bekamen dann auch prompt ihre Strafe: Alljährlich an Martins Sterbetag, dem 11. November, haben sie ihren Verrat mit dem Leben zu bezahlen und einen guten Festbraten abzugeben. Darüber hinaus umfaßte ein richtiger thüringischer Martinsschmaus noch Wein, Krapfen und Wecken.

Der Heilige hat sich indessen nicht nur um das Essen, sondern auch als Wetterprophet verdient gemacht:

St. Martin setzt sich schon mit Dank
Zum warmen Ofen auf die Bank.
(Behrungen und Henfstädt)

Martinstag trüb,
Macht den Winter lind und lieb.

Den Martin und den Andreas
Sieht man lieber dürr als naß.

Wetterkapriolen gab es damals auch schon: *»Umb Martini 1537 fiel eine solche unbestendige Werme ein, die wehret durch den gantzen Winter deß 1538. Jahres, also, daß die Jungfrawen auff das newe Jahr und der heiligen drey Königen Tag von Violn, Kornblumen, Stieffmütterlein und anderen Blumen haben Cräntze getragen«*, heißt es in einer alten thüringischen Chronik.

Zu früheren Zeiten begann mit dem 11. November das bäuerliche Jahr. Mägde und Knechte erhielten ihren Lohn und, sofern sie die Stelle wechselten, einen Martinstaler. In Wiegleben bekam eine Magd bei ihrem Antritt ein Paar Schuhe, ein Paar Sohlen, einen Rock, eine Schürze und etwas Flachs.

Die Märkte zu Martini waren für ihre besonders reiche Auswahl an Früchten, Gemüse und anderen Produkten des Sommers bekannt.

Schülerumzüge mit Martinsfackeln und -liedern sind in Deutschland seit dem 16. Jahrhundert überliefert; der Martinsritt – mit einem Lichterzug der Kinder – hingegen erst reichlich hundert Jahre.

Der Zusammenhang zwischen heidnisch-germani-

Martinsfest in Erfurt
vor Dom und Severikirche.
Die Rose, Luthers Familienwappen,
wird durch Laternen illuminiert.

schem Brauchtum und christlich-katholischen Riten wurde bereits angedeutet. Gerade in Thüringen kam noch der evangelische Einfluß hinzu. Erfurt war in mehr als einer Hinsicht Luthers Stadt. Er studierte an der dortigen Universität, entschied sich dann aber ganz plötzlich für den Eintritt ins Augustinerkloster. Auch wenn es ihn später nach Wittenberg zog, haben sich doch wichtige Zäsuren seines Lebens in Erfurt vollzogen, wuchsen die Gedanken der Reformation auf thüringischem Boden. Und als er 1521, auf seiner schicksalsschweren Reise nach Worms, in der Augustinerkirche predigte, füllten die Erfurter das Gotteshaus bis auf den letzten Platz und machten ihn stark.

Bei der Namensgleichheit sowie der Fastübereinstimmung von des heiligen Martins Todes- und Martin Luthers Geburtstag wundert es nicht, daß in und um Erfurt, aber auch in Nordhausen, Eisenach, Schleusingen und Stotternheim Katholiken und Evangelische ihren eigenen Martinstag feierten.

Immerhin war der heilige Martin Schutzpatron der ehemaligen Landgrafenschaft Thüringen und der Stadt Erfurt im besonderen. Das abendliche Glockenläuten geht angeblich auf den Martinstag des Jahres 1224 zurück. Zwei Dompfaffen hatten dazumal gar üppig geschmaust und gezecht und ihren Mist für das darbende Volk bestimmt. Worauf der Herrgott einschritt und die Menschenverächter von der Erde nahm. Von den Gütern der beiden soll dann der Papst besagtes Läuten gestiftet haben.

In Jena tönte jeden Mittag von Michaelis bis Martin das sogenannte »Geschoßglöcklein«, um säumige Einwohner an fällige Zahlungen zu erinnern. Während diesen ins Gewissen geläutet wurde, erhielten jene, die pünktlich ihr Geld gebracht hatten, ein Glas Most; was mir ein listiges und probates Mittel scheint, die traurigen Steuerzahler wieder auf andere Gedanken zu bringen – und sei es auch nur für eine kurze Zeit…

Zurück nach Erfurt. Nach dem Geläute sangen die Chorschüler unter Musikbegleitung und bei Fackelschein auf den Domstufen Motetten, den »Martinsgesang«. Seit 1821, mit der Gründung des Seminars, trat dessen Chor auf. Eine wichtige Rolle spielte dabei auch die Vergütung. Den Chorschülern war gestattet, schon drei Tage vorher vor den Häusern der Bürger zu singen und dafür Geschenke einzusammeln.

So wurde der Martinstag auch in Erfurt mehr und mehr zu einem Fest der Kinder. Nachdem man zunächst nur die Fenster beleuchtet hatte, zogen später die Kleinen und ihre Eltern mit Lichtern beziehungsweise Fackeln durch die Stadt. Als erste Laternen dienten ausgehöhlte Kürbisse oder in Öl getränkte Papiertüten, die umgekehrt auf einen Stab gestülpt wurden, um die Kerzen vor dem Erlöschen zu schützen. Die kleinen Lichterträger erbaten Nüsse, Äpfel und andere kleine Geschenke. Und gesungen wurde natürlich auch:

Gik Gak, Gik Gak,
Für 'nen Dreier Schnupftabak
Für die alten Weiber.
Für die alten Donnerkatzen,
Welche sich hinter den Ohren kratzen.

– lautete das älteste bei dieser Gelegenheit intonierte Martinslied. Schon zu Beginn des 19. Jahrhunderts wußte man dessen Sinn nicht mehr recht zu deuten. Eine Ableitung ist so originell, daß sie hier wiedergegeben werden

Lampionumzug zum Martinsfest in Erfurt

soll. Demnach wäre das Wort »Schnupftabak« eine Verballhornung von »Schupp ihr (die Gans, E. O. L.) ab!«; Aufforderung also, ein Stück von ihr abzuschneiden und den Hexen oder deren Katzen zu opfern. Die Spur führt zu Freya, die auf einem von diesen Tieren gezogenen Wagen fuhr und in christlicher Zeit – zusammen mit den sie begleitenden Walküren – als Hexe denunziert wurde.

Um die alten Weiber nebst Donnerkatzen und mysteriösem »Gik Gak« endgültig vom Martinstag zu trennen, ersetzte 1817 der Erfurter Diakonus Lossius diesen Text durch einen neuen, der Luther ehrt:

Martin ist ein braver Mann,
Brennet viele Lichter an,
Daß er oben sehen kann,
Was er unten hat getan.

Damit geriet aber das alte Lied nicht in Vergessenheit, sondern wurde noch lange – in etwas veränderter Form – von den katholischen Kindern gesungen:

Gigak, Schubdewak,
Schneidet auch der Gans das Bein ab,
Laßt ihr noch e Stimpelche dran,
Damit sie recht noch zappeln kann.

Inzwischen hat sich in Erfurt der 10. November als Martinstag durchgesetzt. Der abendliche Lichterzug der Kinder durch die Straßen der Stadt zum Domplatz, die große Anteilnahme der Bevölkerung haben diesem alten Brauch über die Konfessionen, ja über den Glauben hinaus neuen Sinn gegeben.

Eine Parallele dazu gibt es auch in Nordhausen, wo man die »Martinskirmes« feiert und – neben Gänsen und Kuchen – den Martinskarpfen ißt. Eine im dortigen Domstift gefundene Urkunde bezeugt bereits 1332 der frommen Herrn Vorliebe für einen schmackhaften Gänsebraten.

Aus dem Rudolstadt des 19. Jahrhunderts wird von verkleideten Kindern berichtet, die bei bekannten Familien anklopften und diese raten ließen, wer wohl unter der Maske steckte. Neben dem Spaß erhielten sie

Figürliche Keramik zum weihnachtlichen Festkreis von der Kunsthandwerkerin Renate Smalun aus Gehren.

CO·DN 32

Weihnachtsmarkt in Pößneck vor dem herrlichen spätgotischen Rathaus. Am Christabend trifft sich hier Alt und Jung zu einer Art Volksfest (links).

Das weihnachtlich geschmückte Rathaus des ehemaligen Griffelmacherstädtchens Steinach krönt einen der größten Marktplätze Thüringens.

Weihnachtskrippen der Fa. Mahr in Steinach gehen in alle Welt.

Die aus einer eigens entwickelten Masse (Marolin) gefertigten Figuren
werden von Hand bemalt.

Zwiebeln

Einen anschaulichen Eindruck von den Lebens- und Arbeitsbedingungen der Spielzeugmacher vermittelt diese Nachbildung einer Heimarbeiterstube im Spielzeugmuseum Sonneberg (vorhergehende Seiten).

Ladengeschäft der Erfurter Holzbildhauerin Gabriele Leuschner mit weihnachtlichen Erzeugnissen (Krämerbrücke).

Die im Gemeindehaus der Johann-Sebastian-Bach Kirche zu Arnstadt aufgestellte Weihnachtskrippe wurde von Hilde Pilz gefertigt.

Diese beiden im Sonneberger Spielzeugmuseum gezeigten Nußknacker stammen vom Anfang des 18. Jahrhunderts (folgende Seite).

Puppen im Skifahrerlook – gefertigt aus Anlaß der Olympischen Winterspiele 1936 (Spielzeugmuseum Sonneberg).

Erfurt nach dem ersten Schneefall (Foto: R. Rössing; folgende Seite).

Äpfel und Nüsse, aber auch ein Glas Bier. Bis zum Jahre 1869 brachten die dortigen Schulkinder ihren Lehrern eine Gans ins Haus. Ungeliebte Pauker mußten mit einem alten Gockel vorliebnehmen.

Noch lustiger mag es einst zu Martini an den Schulen des hennebergischen Schmalkalden zugegangen sein, wo – aufgrund einer merkwürdigen Stiftung – alle Lehrer, Diener und männliche Schüler eine Quantität Weinmost erhielten.

Aus Heiligenstadt im katholischen Eichsfeld sind Peitschenknallen und Glockengeläute überliefert. Weniger laut, dafür umso romantischer mögen im gleichen Ort jene auf Nußschalen die Geißlede herabtreibenden Lichter gewesen sein. Aus den Dörfern Altengottern, Alterstedt, Cammerforst, Flarchheim, Großurleben, Haussömmern, Issersheilingen, Marolterode, Neunheilingen und Töttleben sind Umzüge der Schüler mit Stocklaternen und frommen Gesängen bekannt. Sie erhielten vor allem Geld, das sie dann unter sich verteilten.

In Eisenach wurden die heischenden Kinder »Meerzemännchen« geheißen; ihr Sprüchlein lautete:

Ich bin ein kleiner Meerzemann,
und komme aus der Ruhl.
Und wer mir nicht gehorchen will,
den leg' ich übern Stuhl!

Ob die Ähnlichkeit der Martinshörnchen mit den Hörnern der von unseren germanischen Vorfahren geopferten Tieren mehr als ein Zufall ist, bleibt dahingestellt. Hauptsache, sie schmecken...

Wer davon zuviel gegessen und sich den Magen verdorben hat, besitzt Glück im Unglück: Neben Karfreitag, Gründonnerstag, Johannistag, Pauli Bekehrung, Ostern, Walpurgis- und Christnacht ist der Martinstag ein ideales Datum zur Genesung von allen Gebrechen – vorausgesetzt, man kennt das richtige Sprüchlein!

»Heiliger Andreas, ich bitt' dich . . .«

Der Tag des heiligen Andreas am 30. November war Lostag vor allem und Pforte in eine andere, ansonsten verborgene geheimnisvolle Welt. In den Spinnstuben wurden verschiedene neckische Spiele getrieben. Aus der Umgebung von Saalfeld ist ein solches mit siebenerlei Symbolen überliefert: einem Erbschlüssel, einer Puppe,

Spinnstube. (Nach einer Originalzeichnung von E. Fiedler).

einer Münze, einem Ring, einem Knotenstock sowie je einer Schüssel mit klarem und schmutzigem Wasser. Das alles auf einem Tisch in der Spinnstube. Darum herum warteten die jungen Leute, auf daß ihnen der Reihe nach die Augen verbunden würden. War dies geschehen, führte man sie mehrmals um den Tisch herum, bis sie die Orientierung verloren. Damit waren alle Voraussetzungen für einen objektiven Blick in das neue Jahr gegeben. Dreimal durfte jeder nach seinem künftigen Schicksal greifen.

Aus einer Zeit, in der es weitaus stabilere Möbel als heute gegeben haben muß, datiert das sogenannte »Betttreten«. Es wurde sowohl im reußischen Oberland als auch in Westthüringen praktiziert und hatte die gleiche Funktion wie oben erwähnter Spinnstubenbrauch, blieb jedoch ausschließlich den Mädchen vorbehalten und mußte ohne Mitwisser ausgeübt werden. Nach dem Verzehr eines Salzherings bedurfte es nur noch eines kombinierten Kraft- sowie lyrischen Aktes, um das Orakel zu wecken. Die Jungfer hatte dreimal kräftig ans Bett zu treten und folgenden Vers aufzusagen:

Komm, mein lieber Andreas!
Laß mir doch erscheinen
Den Herzallerliebsten meinen,
Wie er steht und wie er geht,
Wie er mit mir zur Kirche geht.
Soll ich mit ihm fröhlich sein,
laß ihn erscheinen mit Semmel und Wein.
Soll ich mit ihm leiden Not,
Laß ihn erscheinen mit Wasser und Brot.
Soll ich mit ihm bleiben hier,
Laß ihn erscheinen mit einem Glas Bier.
Soll ich mit ihm ziehen über Land,
So gib ihm einen Stock in die Hand.

Diejenigen, die mit diesem Zauber ihren Spott trieben, bekamen in der gleichen Nacht den Hals umgedreht.

Ohne Hering und auch nicht am Andreas-, sondern am Thomastag (21. Dezember) wurde eine Variante dieses Brauches im Meininger Oberland praktiziert und außerdem noch das Mobiliar geschont. Es genügte, auf dem Bettbrett zu knien und folgenden Spruch aufzusagen:

Bettbrett, ich knie dich,
Herrschedame, ich bitt dich,
Laß mir erschein,
Den Herzallerliebsten mein ...

Das tödliche Risiko: Wer einen Geistlichen im Ornat erblickte, mußte sterben.

Auch die Mädchen aus Graitschen bei Camburg ersparten sich das Treten. Sie legten sich nur verkehrt herum ins Bett, warfen Leinsamen über sich, sprachen einen Andreassegen und harrten des Traumorakels.

Ebenfalls im Verschwiegenen kam es zum weitverbreiteten »Hühnerstallpochen«. Die Mädchen klopften heimlich an die Stalltür und warteten voller Bangen, was und wer sich da drinnen zuerst rührte:

Krähet der Hahn,
krieg ich en Mann,
Gackert die Henn,
krieg ich känn.

Das Orakel funktionierte natürlich nur zur Zufriedenheit der Maid, wenn es dort überhaupt einen Hahn gab. Ansonsten blieb sie sitzen – was die Existenz so manch alter Jungfer erklärt.

Viel schlimmer erging es freilich denen, die obige Frage in den Ofentopf riefen und zur Antwort bekamen:

'S kriebt (kräht) ke Hohn,
's kriebt keene Henne,
dich wärn se
uffm Brat rem wenne (auf dem Brett herumwenden
= auf die Totenbahre legen).

In den südostthüringischen Spinnstuben (»Rockenstuben«) war das sogenannte »Gansertlaufen« das beliebteste Heiratsorakel. Die Mädchen bildeten einen Kreis, in dessen Mitte ein Gansert kam, dem man mit einem Strumpf die Augen verbunden und außerdem noch ein paarmal um sich selber gedreht hatte, bis er die Orientierung verlor und niemanden bevorzugen oder benachteiligen konnte. Das war wichtig, denn ihm oblag es, über Glück und Unglück zu entscheiden. Das Mädchen, vor dem er stehenblieb und es anschnatterte, kam im nächsten Jahr unter den Hut. Nicht selten allerdings wird es dem Gansert schwindlig geworden sein vom vielen Drehen und den verbundenen Augen. Wenn er dann in seiner Not einen Dreck vor eines der Mädchen fallen ließ, war dessen Zukunft nicht mehr wert als der. Unglück in der Liebe schien noch die geringste, ein uneheliches Kind die wahrscheinlichste Katastrophe.

Wer nach den Ursprüngen dieses Orakels sucht, wird auf Perchta = Frau Holle stoßen. Diese für die Spinnstuben zuständige Gottheit trug auch den Beinamen »Gansfüßige«... Außerdem ähneln sich St. Andreas und der heidnische Freyr – der den Ehen vorstand. So etwa könnte sich der Bogen schließen.

Weit verbreitet war auch der Brauch, Rockenbänder in

eine Schüssel zu geben und diese so lange zu schütteln, bis eines davon herausfiel – was bedeutete, daß dessen Besitzerin durch Heirat aus der Spinnstubengemeinschaft ausfiel.

Als mit der Zeit die Spinnräder außer Gebrauch kamen, bedurfte es anderer Lose, nämlich Strumpfbänder. Diese kamen – mit bestimmten Bedeutungen versehen – in einen »Reiter« (großes Getreidesieb), wurden ebenfalls durcheinandergeschüttelt und dann mit verbundenen Augen gezogen.

Gefährlicher muß es beim »Pantoffelwerfen« zugegangen sein. Die heiratsfähigen jungen Leute setzten sich am Andreas-, Christ- oder Silvesterabend rücklings zur Tür und schleuderten mit dem Fuß einen Pantoffel hinter sich. Zeigte der mit der Spitze zur Tür hin, konnte derjenige, der ihn geworfen hatte, gewiß sein, im nächsten Jahr untern Pantoffel zu kommen.

Auch mittels eines »Erbsiebs«, einer »Erbbibel«, eines »Erbschlüssels« und eines »Erbzauns« versuchte man die Zukunft zu ergründen:

Erbzaun, ich schüttle dich,
Erbzaun, ich rüttle dich.
Kannst du nicht selber melden,
laß ein kleines Hündlein bellen.

– riefen die Jungfrauen in Liebengrün bei Ziegenrück, und das Bellen zeigte ihnen die Richtung, aus der ihr Zukünftiger kommen würde.

Ein besonderes Liebesorakel war jenes mit Streuästen. In Ifta, im Schleizer Oberland und bei Ziegenrück zogen die Mädchen aus einem Haufen einen Ast heraus und schlossen aus dessem Aussehen auf die Gestalt ihres Künftigen. Eine andere, besonders zu Silvester praktizierte Möglichkeit war, die Äste auf einen Baum zu werfen. Die Zahl derjenigen, die oben blieben, entsprach den bis zur Heirat verbleibenden Jahren.

Solch Treiben mußte die Obrigkeit beunruhigen. So ließen die Schwarzburger Fürsten zum Ende des 17. Jahrhunderts die Spinnstuben mit der Begründung schließen, daß dort *»viel Unheil entstehet und grosse Üppigkeit getrieben wird … und dadurch gross Aergernis erwächset«.*

Im übrigen war der Andreastag auch in Thüringen nicht nur Los-, sondern auch Heischetag, der den Kindern gehörte. Im Orlagau und im reußischen Oberland zogen sie – als sogenannte »Andrese« verkleidet – umher, klopften an die Türen und sagten ihr Sprüchlein auf:

Ich bin der klee Andreas,
Ihr lieben Leite, gabt mer was.
Gabt mer nicht zu wenig,
Ich bin der kleene Keenig.
Laßt mich nicht ze lange stehn,
Ich muß noch e Heischen (Häuschen)
weitergehn.

Während inzwischen der heilige Nikolaus dem heiligen Andreas den Rang abgelaufen hat, war noch vor einem halben Jahrhundert das Gebiet zwischen Eisenberg – Apolda – Jena – Orlamünde – Pößneck – Lobenstein fest in Andreas' Hand.

Zettelandres, kleiner Zwerg,
Nimm mich mit nach Eisenberg.
Nein, ich will in Apolda bleiben,
Da krieg ich große Pfefferscheiben.

»Zetteln« bedeutet in Apolda und Umgebung soviel wie Verteilen. Daher auch der Name »Zettelandres«. Der war allerdings, wie sein Konkurrent Nikolaus, nur willkommen, wenn er das hielt, was sein Name versprach und Äpfel, Nüsse oder Pfefferkuchen verschenkte. Im übrigen muß es auch in Thüringen ziemliches Gerangel gegeben haben, einen Machtkampf sozusagen um den Posten des spendabelsten Schenkers. Selbst mythologische oder symbolische Figuren wollen gut sein!

Das saalische Orlamünde gehörte zu den letzten Bastionen von Andreas und Thomas, die bis in unser Jahrhundert hinein den Knecht Ruprecht vertraten beziehungsweise fernhielten. Aus dem gleichen Städtchen (Ortsteil Naschhausen) ist auch ein bis in die zweite Hälfte des vergangenen Jahrhunderts lebendiger Brauch überliefert, der die Einwohner am Andreastag zum Freitrunk und zur Diskussion kommunaler Angelegenheiten versammelte.

Zuletzt noch ein Wort zum Wetter an diesem Tag. Andreasschnee, glaubte man, tue dem Korn weh!

Von Feuermännern und anderen gespenstischen Erscheinungen zu Advent

Zur Adventszeit hat die Dunkelheit ihren Höhepunkt. Lichter, Kerzen sollen ihr begegnen. In den letzten Jahren sieht man auch hierzulande immer häufiger den erzgebirgischen Schwippbogen in den Fenstern. Viele Familien haben einen Adventskranz, der teils mit Bändern an der Decke befestigt ist, teils auf dem Tisch oder Schrank liegt.

Adventskrone mit Glasperlen.

Besonders bei den Wäldlern findet man phantastisch geformte Wurzeln, die Kerzen tragen.

Kein Wunder, daß in thüringischen Adventssagen geheimnisvolle Lichterscheinungen eine große Rolle spielen. Besonders gefürchtet waren jene feurigen Männer, die gleich an etlichen Orten auftauchten, so auch in Salzungen, wo junge Leute in einer Spinnstube beieinander saßen:

»Da gewahrten sie durch das Fenster einen ungewöhnlich hellen Schein. Das Mädchen, das zunächst dem Fenster saß, schob dies auf, guckte hinaus und prallte bleich und entsetzt zurück. Und da kein Wort aus ihr zu bringen war, so eilten die andern an das offene Fenster. Da sahen sie denn, wie ein feuriger Mann die Silge hinauf schwebte, und als sie sich von dem ersten Schrecken wieder erholt hatten, da war ein loses Stück unter ihnen so keck, den feurigen Mann noch zu foppen und ihm zuzurufen: ‚Örrwiesch! Fläderwiesch! Gaalbein! wist de haim!' Der aber verstand keinen Spaß, machte rasch kehrt und schoß wie ein Pfeil auf das Fenster zu, so daß den mutwilligen Dirnen kaum so viel Zeit blieb, den Laden vor das Fenster zu schieben. Am anderen Morgen sahen sie die Bescherung. Der Feurige hatte seine beiden Hände, als er nach der kecken Dirne greifen wollte, in den Fensterladen tief eingebrannt. Dort waren sie noch lange als Wahrzeichen zu sehen« (Wucke).

Ähnliche gespenstische Erscheinungen will man zur Adventszeit auch bei Breitungen und auf dem Weg, der von Grattstadt nach Harras führt (Hildburghausen), gesehen haben. Sie seien nicht nur *»aneinander vorbei, sondern auch blitzschnell durcheinander«* gesprungen.

Wo es die Menschen versäumten, der Dunkelheit Reich mit Licht oder Feuer zu begegnen, gewannen schreckliche Erscheinungen und Dämonen Macht über sie. Der garstige Alp tarnte sich zu dieser Zeit besonders gern als Schaf, Ziege oder Kalb. Wucke berichtet:

»Leuten, die zur Adventszeit bei Nacht an dem Gottesacker bei Altenbreitungen vorüber müssen, erscheint oft ein Spuk in der Gestalt einer weißen Ziege. Das Gespenst wird der ‚Mönch' genannt, warum weiß niemand mehr. Es begleitet die Leute eine Strecke Wegs oder springt ihnen auch manchmal auf den Rücken und läßt sich so eine Zeitlang forttragen. Oft geht der Spuk auch neben oder vor den Leuten her, ohne daß sie es selbst sehen, und begleitet sie durch Frauenbreitungen hindurch bis an die Lache in der Nähe des Sees«.

Ruhelose Seelen vor allem treibt es zu Advent umher. Einer ihrer Treffpunkt scheint der sogenannte »Stein« bei Dermbach zu sein, wo in der Walpurgisnacht die regionalen Hexen zusammenkamen. Zur Adventszeit hingegen wollen viele eine weiße Jungfer dort oben gesehen haben. Auch geht die Rede von einem – von lauter kleinen Flämmchen umgebenen – Feuer und sogar von einer gar lieblichen Musik.

Wer alle Warnungen in den Wind schlägt und sich dummerweise gar anlegen will mit diesen unheimlichen Erscheinungen, hat Glück, wenn es noch so glimpflich ausgeht wie für jenen übermütigen Burschen aus Stepfershausen, der eine Katze, die in Wirklichkeit eine Hexe war, mit einem Stein bewarf und dafür ein paar gehörige Ohrfeigen einfing.

Vernünftig hingegen hat sich der Schlossermeister Heller aus Liebenstein verhalten. Auch muß er, bei Gott, gut zu Fuß gewesen sein, als er vor jenem gespenstischen vorweihnachtlichen Leichenzug Reißaus nahm.

Der Moosmann als Leuchterfigur ist das vogtländische Gegenstück zu Bergmann und Lichterengel im Erzgebirge.

Vorgeschmack

Linda Haefner

Alle Jahre wieder um die Adventszeit herum, geht der Langebauer hinaus in den Wald, um das Brennholz fürs nächste Jahr zu fällen. Er ist der längste Mann im Dorfe, das besagt schon sein Hausnamen. Meist schreitet er recht finster dreinblickend seines Weges. Mit den Worten geht er karg um, so karg, wie wenn jedes ein Bröcklein Gold wäre.

Derweil der Mann seiner beschwerlichen Hantierung nachgeht, schafft daheim sein fröhliches Weib, hält ihm Haus und Hof in Ordnung und die drei Kinder in Zucht.

Immer flink, immer schaffig und fröhlich ist sie, seine rechte Hausfreude. Rasch geht ihr der Tag herum, aber doch nicht so rasch, daß sie nicht den Abend herbeisehnte, der ihr den Mann wiederbringt.

Wenn sie in der Dämmerung im Herd das Feuer entzündet, kommt das Nesthäkchen, das »Kleinerle«, wickelt sich in ihren faltigen Rock und fragt mit zärtlichem Stimmchen:

»Gell, jetzt kommt der Vatter bald?«

Geht die Frau in die Stube, um im Ofen Holz nachzulegen, so fragt das Töchterchen über die Schiefertafel hinweg:

»Kommt der Vatter noch net?«

Der Bub stürmt mit rotgefrorenen Backen zur Stube herein, haucht in die starren Fäuste und fragt schon unter der Tür:

»Der Vatter noch net do?« und zu all den Fragen macht die Mutter ein herzliebes Gesicht, streicht über die Krausköpfle und hat für alle das gleiche gütige Lächeln und dieselbe tröstliche Antwort: »Bald jetzt«.

»Aber jetzt setzt euch schön zusammen auf die Ofenbank und seid fein brav, bis ich wieder aus dem Stall hereinkomme.«

Immer dunkler wirds in der Stube und immer heimeliger. Draußen knarrt der Schnee unter den Tritten der Leute, im Ofen summt der Kochtopf seine Weise und an der Wand und oben an der Decke hüpft und tanzt der Widerschein von den Flammen im

W. Schramm: Winternot.

Ofen, der den Weg durch die Ritzen der Ringe und durch die Löcher und Spalten der Ofentüre gefunden. Begierig folgen die Augen der Kinder dem lautlosen Spiel.

Zu alledem sagt die Uhr ihr ewig gleiches »Tick, tack« und einmal knackt sie und singt ihr Fünfuhrliedchen in die Stille hinein.

Da rücken die Kinder auf ihrer Bank dichter zusammen.

Jetzt muß doch auch die Mutter wieder aus dem Stall herüberkommen, sie ist nun schon so lange draußen.

Das »Kleinerle« fragt flüsternd: »Kommt der Vatter allfort noch net?«

»Bald,« wird ihm ebenso leise zur Antwort und das Schwesterle zieht es ein Bissel enger zu sich heran und flüsternd geht die Unterhaltung weiter.

»Glaubst, jetzt kommt er bald?« fragt das Mädel.

»I mein, i hab en g'hört!« drauf der Bub und mit dem Jubelschrei: »Alleweil kommt er«, springt er von der Bank herunter, die Schwester hinterdrein. Nur das »Kleinerle« kommt nicht so ganz rasch mit wie es will.

Es schreit und heult und kommt doch noch rechtzeitig zur Tür, weil die beiden Großen dort raufen. Jedes will zuerst hinaus, jedes will zuerst beim Vater sein, der draußen, polternd und stampfend, die Schneestollen von seinen Stiefeln abklopft.

Über dessen Gesicht läuft ein Lächeln wie er den Tumult drinnen hört und: »Nur langsam,« mahnt er von außen.

Mit einem Ruck fährt die Türe auf und heraus kugeln und purzeln die drei und der Bub faßt des Vaters Hand, in der er den Krug und das Vesperbündel trägt. Das Mädel nimmt ihn beim Rockschoß und das »Kleinerle« stellt sich, da des Vaters andere Hand den Beilstiel umfaßt hält, auf seinen Fuß und klammert sich mit beiden Ärmchen an das Stiefelrohr seines langen Beines. So beladen betritt der Mann sein Haus.

»Vatter, hast heut's Christkindle g'seha drauße im Wald?«

»Vatter, hast e Rehle g'seha?«

»Vatter, hast uns ebbes mitbracht?« so fragts durcheinander, während er zur Küche geht, um sein Weib zu begrüßen.

Wie sich die Türe auftut sind alle geblendet vom Licht, aber der Bub strengt sich zumeist an, rasch wieder aufsehen zu können und was er sieht, das läßt ihn vor Vergnügen ein wahres Indianergeheul anstimmen.

»Mutter, Mutter! Der Vatter hat e Tannenbäumle, heut ist er dem Christkindle begegnet.«

»Vatter, was hat's g'sagt?«

»Wie hat's denn ausg'seha?«

»Kommt's bald?«

»Gell i bin brav?«

»Und i hab immer g'folgt?«

»Hast's em g'sagt, daß mer's e Schaukelpferd bringe muß?«

»Wart, du! 's Christkindle muß überhaupt nix. Daß du's auch weißt, du frecher Bub.

Ja i bin dem Christkindle begegnet. Es hat mi nach euch g'fragt und weil i g'sagt hab, ihr wäret brav, hat's mir derweil des klei' Bäumle gebe.

Und daß ihr auch das wißt, der Pelzmärte ist mir auch begegnet und der hat g'sagt, wie ihr net brav wäret, käm er mit sei'm Sack und tät euch hole. B'sonders mei Großer könn se e Bissele z'sammennehme.

So! Und jetzt ganz brav in d' Stub nei, uff d' Bank g'sitze und net g'muckst bis d' Mutter kommt.«

Gehorsam ziehen die Kinder ab und wieder rücken sie in der Dunkelheit auf der Ofenbank eng aneinander, stecken die Köpfe zusammen und lauschen auf die Stimmen von Vater und Mutter, die draußen in der Küche miteinander lachen und reden. Angestrengt horchen sie auf jeden Schritt der Mutter, ob sie ihn noch nicht zu Stube lenke, und jetzt kommt sie.

Wieder tut sich die Türe auf und – o Wonne, o Glück – der Mutter Hände tragen das kleine Tännlein, das der Vater gebracht *und obenauf hat sie ein brennendes Lichtlein gesteckt, das spiegelt sich in sechs blinkeblanken, glücklichen Kinderaugen und überstrahlt ein seliges Muttergesicht.*

Langsam und bedacht trägt sie den Kindern das Wunder zu.

Wie die Frau das Bäumchen, das in einer flachgeschnittenen Futterrübe steckt, auf den Tisch stellt und einem jeden der drei Kinder einen rotbackigen dicken Apfel in die Hand drückt, hat das Glück seinen Höhepunkt erreicht.

Mit seligem Lächeln und einem glücksschweren Seufzer steht das »Kleinerle« auf der Bank, macht's Fenster auf und ruft mit seinem Glockenstimmchen in die silberfunkelnde Nacht hinaus:

»Christkindle komm! Jetzt ist Weihnachte.«

»Nikolaus sei unser Gast . . .«

Obwohl der Nikolaus als spendable Vorhut des Weihnachtsmannes noch gar nicht so lange durch die thüringischen Lande zieht, gibt es etliche Verwirrung mit seinem Namen. Offensichtlich liebt er nicht nur Verkleidungen und Maskeraden, sondern auch die verschiedensten Pseudonyme.

Sich als Bischof Nikolaus auszugeben und auch in der Kleidung dem heiligen Mann von Myra in nichts nachzustehen, wagte er nur im katholischen Eichsfeld und – zum Teil – auch noch in der Rhön. Dort, in Empfertshausen, trug er zwar eine Bischofsmütze, kam aber nicht am 6. Dezember, sondern am Heiligabend. Und in Tann wählte er den Tag des bekannten Christmarktes für seinen Auftritt.

Während ihm als St. Nikolaus nichts anderes übrigbleibt, als Freundlichkeit und ein großes Herz zu zeigen, firmieren die rauheren, wilden Ausgaben dieses geheimnisvollen Mannes unter ganz anderen Namen. Im eichsfeldischen Döringsdorf, nahe Heiligenstadt, kannte man ihn als »Kettenklaus«. In Lindenau bei Hildburghausen agierte er als »Pelzrupprich«; im Greizer Oberland und im Allstedter Revier als Knecht Ruprecht. Im hennebergisch-werraischen Raum ist er als »Herrscheklaus« bekannt. Obwohl der zumeist als wilder, vermummter Geselle erscheint, muß seine abschreckende Wirkung mehr als gering gewesen sein. Wie sonst wäre jener Spottvers erklärlich, der aus Wichtshausen (bei Suhl) auf uns gekommen ist:

Harsche-Rupper, Nickel,
Mit dem bloene Kittel,
Mit dem gläsern Asch,
Leck die ganze Leut am A . . .!

Nur dem Schein nach respektierlicher war die Behandlung, die unser Mann in Nordthüringen erfuhr. Die Kinder empfingen ihn mit einem Gebet, dessen zwei Anfangszeilen ihm wohl gefallen mochten, während das, was nachfolgte, ganz anders klang:

Nikolaus, sei unser Gast,
Beschere, was du im Sacke hast,
Hast du viel, so setz dich nieder,
Hast du nichts, so pack dich wieder!

Immerhin praktiziert der Nikolaus (oder wie er auch immer sich gerade nennt), selber diese Dualität von Gut und Böse. Rute und Sack symbolisieren Strafe oder Belohnung. Ein zottiger Bart macht unkenntlich. Peitschenknallen verschafft Respekt. Glockenläuten, Kettenrasseln versprechen Elysium und Hölle.

Woher aber nun der Name »Herrscheklaus«? Da dieser im werraischen Benshausen in Hirsestroh erschienen ist, soll daraus »Hirse-Klaus« geworden sein. »Herrsche« wird aber auch mit »Herr« in Verbindung gebracht. Die Ableitung von »Hirsch« geht auf die alten Saturnalien zurück, bei denen sich die Leute in Tierfelle steckten und viel

Die »Herrschedame« – als Gegenstück zum »Herrscheklaus« beschert eine Familie (nach einer alten, im Spielzeugmuseum Sonneberg befindlichen Vorlage).

Lärm machten. Der »Herrscheklaus« soll Hirschmasken bevorzugt haben. Jedenfalls sind er und seine thüringischen Verwandten lange eigene Wege gegangen, ehe sie in die Maske des Heiligen schlüpften. Wohl oder übel mußten sie auch dessen Tag mit übernehmen und ihr ungeregeltes Erscheinen aufgeben – was sie allerdings nicht ganz geschafft haben. In Veilsdorf erschien der »Herrscheruppert« erst am Montag nach dem 6. Dezember.

Im Hennebergischen bestimmte sogar die Obrigkeit das Erscheinen des Nikolaus und das seiner Verwandten. In einer »*Instruction für den Knecht Rupprecht, welche im Jahre 1702, den 1. December, von dem fürstl. Hennebergischen Landesconsistorio in Schleußingen*« gegeben wurde, heißt es:

1. Sollten die Scholaren vorher jedesmal und zwar im Beisein des Rectors die Actus tentiren, damit er denjenigen, so er bei diesen als unanständig observiret, es sagen möge, wie sie denn auch zuvor demselben jederzeit anzuzeigen haben, wo und in welchen Häusern sie eingelassen werden.
2. Sollte der Anfang zum Herumgehen und Agiren bald nach 4 Uhr gemacht, und dieser nicht länger als auf den Nikolausabend eine Stunde, auf den Weihnachtsabend aber drei Stunden währen, jedoch könne man wohl zugeben, daß sich einer von den genannten Knechten Ruprecht's ein wenig Zeit vorher zur besseren Erhaltung des hier unten abgezielten Zwecks, sehen lassen möge.
3. Sollten die Knechte Ruprecht's dann auf den Nikolausabend nicht mehr als einer, auf den heiligen Weihnachtsabend aber drei hiermit zugelassen werden, sich einer mehreren Modestie, als bisher, befleißigen, der Peitschen, allen und jeden Tumultirens und Schreien, auch andern Alfanzereien, unartiger Händel, Gestikulationen und häßlichen Gebärden und Kleidungen gänzlich enthalten, als wodurch der diesfalls intendirte Spaß nicht allein gehindert, sondern auch allernhand Aergerniß gegeben werden könne.
4. Sollten nicht allein ermeldete Knechte sich unterstehen, bald in dieser, bald in jener Gasse allein herumzulaufen, oder auch die Leute mit Schlägen und sonst ungebührlich zu traktiren, sondern auch ein Jeder, so zu denselben gehört, sich in Allem dergestalt verhalten, damit man hierdurch zu einer scharfen Verordnung nicht Anlaß bekommen möge.»

In der Umgebung von Langensalza beteten die Kinder:

Lieber, guter Nikolaus,
Ziehe deine Kleider aus!
Zieh' sie wieder an!
Bist ein guter Mann!

Der Umschmeichelte zeigte sich mit Nüssen und Äpfeln erkenntlich – woran ersichtlich wird, daß diese bescheidene Bescherung schon um etliches zurückliegen muß.

Besonders neugierig scheinen die Kinder im Gothaischen gewesen zu sein. Ihr Gebet stimmt in den ersten beiden Zeilen mit dem aus Langensalza überein und endet so:

...Wenn ich wüßte, wer du bist,
Hätt' ich dich schon längst geküßt.

Bis in unser Jahrhundert hinein ritt in Erfurt zur Adventszeit St. Nikolaus im wehenden Mantel und auf weißem Roß durch die Stadt und verteilte Pfefferkuchen mit seinem Bild. Die Spur, kein Zweifel, führt zu Wotan, dem Schimmelreiter, der entweder als St. Martin, St. Nikolaus, Ruprecht oder als Anführer des Wilden Heeres auf uns gekommen ist. In Molbitz bei Neustadt/Orla gab es bis zum Ende des vergangenen Jahrhunderts am 27. Dezember den »Schimmelreitereinzug«. Hauptgestalt dieses auch »Tänzeln« genannten Festes war der »Beiaß« in weißem, mit Spielkarten behangenem Bettuch, heller Pelzmütze und mit der Klatsche des Possenreißers. Ihm folgten der Schimmelreiter, der auf einem weißbespannten Lattengestell mit Pferdekopf ritt, und eine Reihe anderer abenteuerlicher Gestalten: Ein ganz in Erbsstroh gehüllter Bärenführer, ein Barbier, ein Balsenträger (Hausierer) mit Schnürsenkeln und Hausmedizin und zuletzt ein Essenkehrer.

herangemacht und räumte ab. Der Essenkehrer untersuchte den Rauch, in dem man eine Wurst oder ein Stück Fleisch für ihn hatte hängen lassen. Nach kurzer Stärkung ging es zum nächsten Haus. So wurde das ganze Dorf abgeklopft, und der Zug nahm auf dem Dorfanger Aufstellung. Der Beiaß hielt eine feierliche

Auch in Thüringen tragen nicht wenige Bauwerke den Namen des heiligen Nikolaus. Hier Nikolaikirche und Nikolaitor in Eisenach (1840).

In dieser Reihenfolge zog man durch das Dorf, ließ sich mit Speis und Trank bewirten und bot dafür seine Dienste und Ingredienzien an. Der Barbier rasierte, der Balsenträger veräußerte seine Wundermittelchen.

»Unterdessen hatte sich die Bettelfrau, die sich dem Zuge mit einem mächtigen Tragkorb angeschlossen hatte, an die Tische Gerichtssitzung, in der die ganzen Schandtaten des Schimmelreiters aufgedeckt wurden. Als Sühne kam nur der Tod durch Erschießen in Frage.

Der Schuß krachte, und der Schimmelreiter sank in seinen Tüchern zusammen. Nun löste sich der Zug auf, und die Teilnehmer wankten nach Hause. Das Mittagsmahl blieb meist unberührt, doch legte man sich nach den Strapazen des Vormittags ein Stündchen aufs Ohr, um am Abend wieder bei Kräften zu sein.

Ein frohes Tanzvergnügen beschloß den Abend. Hier wurden nun die erbeuteten Würste, Brote, Fleischstücken und der Schnaps bei fröhlichem Gelage verzehrt. Auch das vereinnahmte Geld verwandelte sich in Schnaps und Bier. Da reichte der Abend oft nicht aus, und bis weit in die Morgenstunden erschallte vom Dorfkrug der heisere Sang der trunkfesten Zecher. Dann verschlief man den vierten Feiertag, den faulen Mittwoch. Auch hier hatten sich in den letzten Jahren oft recht derbe Späße eingeschlichen, außerdem war es in der Festnacht manches Mal zu wüsten Ausschreitungen gekommen. So sahen sich die Behörden leider veranlaßt, den alten Brauch zu verbieten . . . (F. Haardt).

Aus Ostpreußen ist ein ähnliches Treiben bekannt. Dort zog der sogenannte »Weihnachtsschimmel« umher:

Wir sind hergekommen aus Sachsen,
wo Mädchen auf Bäumen wachsen.
Dann gingen wir nach Hessen,
da gab es viel Schüsseln und wenig Essen,
Nun kommen wir, unser Glück hier zu versuchen,
darf ich den Schimmel rufen?

Neben dem Ansager und dem Schimmel gehörten noch eine Reihe anderer abenteuerlich-phantastischer Gestalten zu diesem Aufzug: ein Führer, ein Schmied, ein Essenkehrer, ein Barbier, ein Storch, ein Jude, der Tod, ein Pracherweib, ein Spielmann und ein Bär. »*Woher diese Sitte stammt*«, heißt es im »Ostdeutschen Schulboten«, »*darüber kann man nur Vermutungen anstellen. Es ist wohl bezeichnend, daß sie sich gerade im Oberland mit seiner rein deutschen Bevölkerung erhalten hat. Es ist anzunehmen, daß dieser Brauch von den zur Ordenszeit eingewanderten Thüringern und Sachsen mitgebracht worden ist, und daß der Schimmel den germanischen Gott Wotan mit seinem Gefolge darstellen soll, der in den zwölf Nächten seinen Umzug hielt*«.

Aus Schmalkalden ist der Adventsreiter überliefert, eine gespenstische Gestalt, die in den Straßen umherritt und ihren Kopf, den sie unterm Arm trug, den Kindern hinterher warf.

In Marktsuhl hängte man – wie einst in Niedersachsen allgemein üblich – die Nachgeburt des Fohlens an die Hinterseite der Scheune. Dabei handelte es sich wahrscheinlich um einen Nachklang des altgermanischen Pferdeopfers. Wenn Wotan zur Adventszeit mit seinem wilden Heer vorüber zog, sollte er bei guter Laune gehalten werden.

Gleich etliche Gewerke berufen sich auf des heiligen Nikolaus' Schutzherrschaft: So die Fischer, Brückenbauer, Händler, Seeleute, Apotheker und Bäcker. Letztere lieferten denn auch am 6. Dezember die vierteilig geflochtenen »Nikolauszöpfe«. Im Kreis Sondershausen wurde der »Semmelmann« gebacken, anderenorts ein Festbrot in Hufeisenform. Dieses Symbol findet sich auch an etlichen unserem Heiligen geweihten Kirchen. Diese, zumeist an wichtigen Handelswegen errichtet (so in Gera, Saalfeld, Weißensee, Mühlhausen, Creuzburg, Eisenach oder Heiligenstadt) verweisen auf das Patronat des heiligen Nikolaus über die Kaufleute. Auch Stadttore und Krankenhäuser trugen und tragen dessen Namen. Im Statut (1605) des Nikolaushospitals vor dem Saaltor in Jena heißt es: »*Und so man des morgends das heilige Ave Maria zu S. Nicolaus läutet, so sollen von Stund an alle Brüder und Schwestern aufstehen und in die Kirche gehen, ihr Gebet zu sprechen*«. Unter anderem in Löberschütz, Rauda und Ammerbach bei Jena sind die Kirchenglocken dem Nikolaus gewidmet

worden, der übrigens auch als Brückenheiliger gefragt war. Selbst Brunnen und Berge tragen seinen Namen:
»In der Kirche zu Metzels stand in Lebensgröße, schön von Holz geschnitzt und übergoldet, das Bildnis des heiligen Nikolaus, noch aus katholischen Zeiten her; das wollten die zu Mellrichstadt gerne haben, kauften es daher der Metzelser Gemeinde ab und kamen mit einem vierspännigen Wagen, es abzuholen. Als sie aber nun mit dem Wagen und dem Bilde zu dem am Dorfe etwas steil ansteigenden Berge gelangten, über den die Fahrstraße nach Meiningen führt, so wurde es ganz unmöglich, das Bild fortzubringen, und schien es, als ob dieses immer schwerer und schwerer werde. Da taten die Mellrichstädter das Bild vom Wagen, legten es an den Weg und fuhren leer wieder von dannen. Die Metzelser aber trugen den heiligen Nikolaus, der nicht weg wollte aus ihrem Ort, wieder in die Kirche. Und siehe, da, wo das Bild am Wege gelegen, entsprang jetzt eine frische und gesunde Quelle, die wurde ins Dorf geleitet und der Klausbrunnen genannt, so wie der Berg, an dem er springt, der Klausberg, und war diese Quelle dem Dorf weit nützlicher als das Geld, das es für das Heiligenbild würde empfangen haben« (Bechstein).

Daß sich der katholische Nikolaus im sächsisch-thüringischen Kernland der Reformation etlicher Attacken erwehren mußte, ist nur zu verständlich. 1535 hatte Luther ihn noch bei der Bescherung seiner Familie geduldet. Zehn Jahre später war er aber schon durch den heiligen Christ, der entweder allein oder mit dem Bischof zusammen die Gaben verteilte, ersetzt worden.

Doch der Nikolaus hat sich nicht verdrängen lassen. Ist in seine neue Rolle als Freund und Beschenker der Kinder geschlüpft, die ihm niemand streitig macht. Er weiß nämlich, wie man die Leute für sich einnimmt. Hat nichts dagegen, wenn immer mehr und größere Schuhe am Abend vor dem 6. Dezember aufgestellt werden. Vermutlich wird das alles noch schlimmer und der Nikolaus riesige Lasten zu schleppen haben. Wird sich wieder einmal umstellen, anpassen, verwandeln müssen – wie gehabt. Das hat er gelernt in den letzten Jahren. Von wegen als Strohmann kommen oder mit Ketten und so. Herausgeputzt ist er, mit roter Mütze und rotem Mantel und weißem Bart, und wenn er in den Schaufenstern steht, muß er ständig mit dem Kopf nicken. Armer Nikolaus …

Zuletzt noch ein unfehlbares Geheimmittel, sich in seinem Namen und ohne die Gifte der Chemie – also der Forderung der Zeit entsprechend – gewisser Nager zu entledigen:
»Ratten vertreibt man unfehlbar, wenn man am abende des St. Nicolaustages den namen Nicolaus innen an die türen derjenigen räume schreibt, wo die ratten sind …« (Sonneberg).

Daß der Nikolaus die Menschen auch mit ungewöhnlichem Wetter beschenken kann, weiß jeder. Ein Wunder allerdings bis heute jener Winter des Jahres 1427 – der ein Sommer gewesen sein muß. Damals war es so warm, *»daß man umb S. Nikolai Tag blawe Cornblumen im Felde und andere Blümlein in Gärten gesehen hat. An etlichen örten haben die Pfirsingbäwm geblüet und ist in summa den gantzen Winter uber gar kein Frost gewesen …«*

In der thüringischen Werkstatt des Weihnachtsmannes

Als im Zuge der Reformation in allen größeren Ortschaften die sogenannten »deutschen Schulen« eingerichtet wurden, verhalf eine Laune der Natur – der dortige Stein war sowohl besonders dünn als auch nach beiden Seiten spaltbar – dem Gebiet um Sonneberg zu einem Monopol: Von dort wurde das »steinerne Papier« nebst Griffel in die ganze Welt geliefert. Den Vertrieb hatten die Nürnberger übernommen; sie dürften die Wäldler auch dazu bewogen haben, statt Löffel, Salzmetzen, Schachteln und anderen Gebrauchsgegenständen hölzernes Spielzeug zu fertigen. Dies war zunächst ziemlich einfacher Art: »Klappern, Schnurren und Pfeufen«. Schon bald stiegen sowohl die Ansprüche der Kunden als auch die Fertigkeiten der Produzenten. Bei den ersten Pferdchen freilich hatten eine Walze Rumpf zu sein und vier gerade Hölzchen die Beine, und der Kopf, o weh, war ebenfalls Walze, nur etwas kleiner. Hinzu kam eine nachgerade unmögliche Bemalung. Die Pferde waren von Kopf bis zum Schwanz (rot und blau!) beringelt und – erfreuten sich größter Beliebtheit. Dem naiv-derben Dekor des Spielzeuges entsprachen die selbstgedichteten Reime auf den Schachteln und Behältnissen, die etliche Proteste bewirkten, *»sintemal züchtige Frauen oder Jungfrauen dergleichen Sachen gar nicht ansehen, geschweige gar kaufen möchten«.*

Da sich die Nürnberger zierten, gingen die Sonneberger daran, ihre Erzeugnisse selber an den Mann (oder an die Frau) zu bringen. Ein Unternehmer namens Döbrich besaß sogar Schiffe, mit denen er die Waren übers Meer transportierte. Allergrößten Profit indessen brachte der Spanische Erbfolgekrieg. Für den ausgefallenen französischen Lieferanten versorgten nun die Sonneberger alle kriegführenden Parteien mit Flintensteinen. Ähnlich

Aus Brotteig geformte Figuren (sogenannte Bossierarbeit), entstanden vor 1780 (Spielzeugmuseum Sonneberg).

gerecht verteilten übrigens auch die südthüringischen Märbelmacher ihre Produktion an die Krieger aller sieben Meere. So zerfetzten mit Märbeln (die ja ansonsten zum Spielen benutzt wurden) gefüllte Kartätschen die Takelage der Schiffe. Zurück zu den Spielzeugmachern. Die sannen darüber nach, wie sie sich das mühselige Schnitzen ersparen konnten und erfanden das sogenannte »Bossieren«; bereiteten nun aus Schwarzmehl und Wasser einen Teig, aus dem dann die einzelnen Teile bossiert (=bosseln, formen) wurden. Diese verloren allerdings bei Feuchtigkeit ihre Figur oder begannen zu schimmeln. Außerdem wurden sie schon bald von den Mäusen als Nahrungsquelle entdeckt. Diese wagten jetzt – getrosten Mutes, nie Hunger leiden zu müssen – in Spielzeugkisten den Amerika-Trip. So blieb den Sonnebergern nichts anderes übrig, als den gefräßigen Nagern den Teig zu verderben. Das gelang mit einer neuen Masse aus Papier, Leimwasser, geschlemmtem, tonhaltigem weißem Sandstein und Schwarzmehl, die zugleich den Einstieg in die Massenproduktion ermöglichte. Man drückte die Papiermasse in Formen und konnte so in kurzer Zeit unzählige Figuren produzieren. Eine neue Berufsgruppe, die sogenannten »Drücker«, löste die Bossierer ab.

Auch sie waren – wie ihre Vorgänger – in der Regel Heimarbeiter, arm wie eine Kirchenmaus und reich nur an Kindern. Zeitgenössische Berichte sprechen von menschenunwürdigen, bedrückenden Verhältnissen. Die kindlichen Produzenten von Spielzeug konnten sich ihre eigene Ware kaum leisten.

Echt Sonneberger Originale waren die »Oliven« oben auf der Wehd. Julius Heß hat in seinem Büchlein für das Andenken an diese armseligen, aber nie verzagenden Lebensbewältiger gesorgt. Eine besonders schöne und bezeichnende Anekdote beginnt damit, daß dem Großvater eine plötzliche Idee aufging und er zu seinem Sohn sprach: »Weißt du, Oliv, in einer Woche ist der Kronacher Weihnachtsmarkt. Die Leute dort sind gar heilig und katholisch, bei denen machst du garantiert ein Geschäft mit Hergöttchen.« Dies wurde natürlich nicht in Hochdeutsch, sondern in der einheimischen Mundart in die Welt gesetzt – was die Leser dieses Buches nicht verstanden hätten, den Oliven selber aber gar wohl in den Ohren geklungen haben mag. So machten sie sich ans Werk. Der Hampaul fertigte ein Modell, der Schorsch die Form, und gemeinsam »drückte« man die Jesusfiguren.

Als alles fertig war, brach man nächtens und mitten in der Dezemberkälte nach Kronach auf. Vorneweg der Vater mit der Laterne, dahinter der Schorsch mit dem Lieferkorb. Als man ankam, waren die Marktstände schon vergeben oder unerschwinglich. So borgte man sich im Wirtshaus einen Tisch und legte die »Herrgöttchen« darauf. Die müssen mindestens ebenso gefroren haben wie die Oliven. Die Kronacher aber ignorierten sowohl diese als auch jene: Waren feinere Jesulein gewöhnt. Der Wirt, der schon den Tisch bereitgestellt hatte, erwies sich als Menschenfreund: Für zwanzig Figuren am Kreuz bot er den zweien, die so tapfer das ihre trugen, ein Nacht-

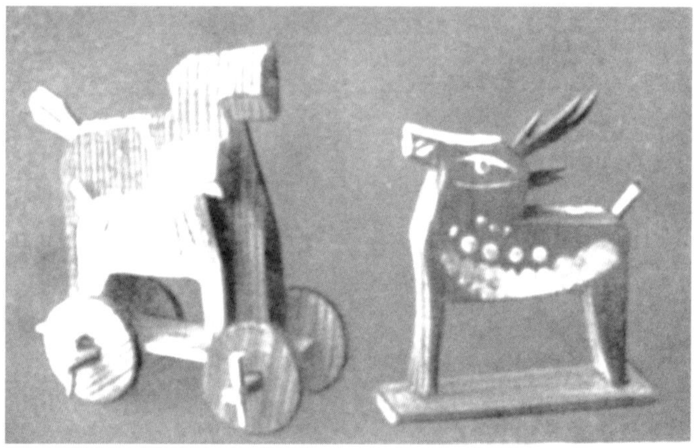

Ältestes Sonneberger Spielzeug (Pferd mit Fohlen u. Hirsch)

lager. Den Rest tauschten sie am nächsten Morgen für ein Stück Sohlenleder ein. Brachten das der Hausmutter, ernteten aber nur die bissige Frage, ob sie daraus zu Weihnachten einen Sauerbraten zaubern solle...

Mit der Erfindung der Papiermasse konnte man – natürlich en miniature – Figuren herstellen, die immer menschenähnlicher wurden. Die Docken- oder Puppenfabrikation entstand. Während am Anfang der Balg aus Leder, Kopf und Gliedmaßen aber aus der erwähnten Papiermasse gefertigt wurden, verwendete man schon bald feinere Materialien: Die Köpfe der Puppen blieben zwar nach wie vor hohl, wurden aber zunächst aus Wachs und später aus Porzellan gegossen und erhielten gläserne Augen und schönste Frisuren. Auch wurden ihre Gliedmaßen gelenkiger.

Längst hatten die Erzeugnisse des Meininger Oberlandes ihr eigenes stolzes Etikett: »Sonneberger Waren« gingen in die ganze Welt und – in die Literatur ein. Karin Michaelis, vor sechs, sieben Jahrzehnten eine der meistgelesenen Kinderbuchautorinnen, ließ ihre kleine Heldin Bibi auch eine solche Heimarbeiterwerkstatt besuchen:
»*In der Küche stand ein großer Sack mit Sägemehl und ein Trichter mit einem großen Kochlöffel drin. Die Frau hielt eins von den braunen Dingern unter den Trichter, und Bibi durfte das Sägemehl einfüllen. Sie hatte die größte Lust zu fragen, was das alles denn eigentlich bedeute, aber sie dachte, daß es doch wohlerzogener sei, nicht so neugierig zu sein. sie füllte Sägemehl ein, immer mehr und immer mehr, und das braune Ding schwoll ordentlich an, während die Frau mit der einen Hand die Hülle glättete. Nun ging das Sägemehl auch in die merkwürdigen Flossen, die an dem braunen Zeug hingen. Bibi mußte einen Augenblick aufhören und die Hände vor Erstaunen zusammenschlagen. Ja, das war ja ein Teddybär, genau so einer wie ihrer zu Hause bei Paps, ihr Teddy, der immer auf der Bank neben Bibi sitzen wollte.*«

Schon bald erhielten die Sonneberger Konkurrenz von jenseits des Rennsteiges. Puppen aus Waltershausen eroberten sich die Herzen all jener Kinder, deren Eltern sie bezahlen konnten.
»*Hier, wo so viel Kinderglück seine Quelle hat, ist es ein Fluch, Kind zu sein. Damit woanders Kinder mit Puppen spielen, schuften hier Kinder vom Aufstehen bis zum Zubettgehen wie die Sklaven. So schlimm ist die Welt immer noch! Ob es den Kindern nicht gut täte, ein wenig von der Entsagung zu wissen, die ihrem Spiel vorhergeht?*«, fragt der dänische Schriftsteller Martin Andersen Nexö in seinen »Reiseschilderungen«. Er war es auch, der mit seiner Novelle »Die Puppe« den Heimarbeitern um den Inselsberg ein bewegendes literarisches Denkmal gesetzt hat.

Gleich etliche faszinierende Erinnerungsstücke an die größte Zeit der Sonneberger Spielzeugindustrie gibt es im ihr gewidmeten Museum zu bestaunen. Mit vergleichsweise einfachsten Mitteln wurde größtes Vergnügen bereitet. Ein Höhepunkt unter vielen sind die mechanischen Spielwaren – mit Federn oder anderen einfachen Antrieben und verblüffender Wirkung. Im Keller schließlich jene großartige Szenerie einer Thüringer Dorfkirmes, mit sich drehendem Karussell, faszinierenden Figuren und einer verblüffenden Perspektive – wie sie schon vor hundert Jahren die Besucher und Juroren der Weltausstellung in Brüssel begeisterte...

Die Puppe

Martin Andersen Nexö

I

So schön wie der Thüringer Wald ist wohl kein anderer Wald auf dieser Erde. Wie eine Welt für sich liegt er da, hoch unter den Himmel emporgehoben, erdrückend düster oder festlich in weißen Schnee gekleidet, und scheint alles von des Himmels Zorn und des Himmels Gnade zu haben. Bergauf und bergab erstreckt er sich, und so viele Tannen sind in ihm, daß jeder Mensch auf Erden seinen eigenen Weihnachtsbaum kriegen könnte.

Ein sonderbarer Baum ist die Tanne. Keine anderen Bäume halten es aus, einander so dicht auf den Leibe zu wachsen, und doch ist kein Baum einsamer.

Man möchte beinahe glauben, die Tanne sei ein Mensch, so sehr versteht sie es, sich abzuschließen und nach allen Seiten abwehrende Nadeln zu wenden.

Rührt man sie an, dann sticht sie – und erfüllt die Luft um einen her mit Wohlgeruch.

Schulter an Schulter stehen die Tannen des Thüringer Waldes und wiegen sich wie ein schlummerndes Heer: eingeschlafene, träumende Riesen, in sich selber eingehüllt. Unter ihren hohen Wipfeln ruht unerschütterlich der Ernst, als sei er die Ewigkeit, und um ihre Wipfel rauscht es jederzeit, in Sturm wie in Stille. Zu ihren Füßen aber herrscht ständig trauliches Behagen – nichts ist so weich und einladend wie das Moospolster unter Tannen.

Einmal im Jahr, auf Weihnachten zu, schwärmt der Thüringer Wald aus. Die grüne Waldesjugend zieht zu Hunderttausenden fort, hinunter, den großen und kleinen Städten des Tieflandes zu; die alten Riesen bleiben einsam zurück, wiegen ihre wohlkenhohen Kronen über den Rodungen und besäen den Boden geduldig mit neuem Nachwuchs. Wenn der Berliner eines Morgens erwacht, ist seine Steinwüste über Nacht grün geworden; junge Tannen füllen alle Bürgersteige und Plätze. In wenigen Stunden erobern die Weihnachtsbäume die zahllosen kleinen Balkone, und die unfruchtbare Weltstadt gleicht einer gewaltigen, strahlenden Verwirklichung des Märchens vom Walde, der den Felsen bekleidete. Das ist das große Ereignis des Jahres für den düsteren Wald.

Hier oben kann man Tage und Wochen wandern, ohne einem Menschen zu begegnen. Ab und zu erschallt der Axtschlag eines Holzfällers aus dem Dickicht, oder der einsame Weg schlängelt sich auf einen Vorsprung hinaus, und man sieht hinab über ein Tal, wo ein Dorf halsbrecherisch an der Flanke des Berges hängt. Es sieht aus, als hätten sich die Menschen vom Walde unterdrücken lassen.

Es gibt ihrer genug, aber sie hauen sich keine Lichtungen, um den Boden zu bebauen. Sie verbergen sich im Waldesdunkel, lassen sich einzwängen und begnügen sich damit, stillzusitzen und die Finger zu rühren.

Aber darin sind sie auch geschickt; eine so fleißige und fingerfertige Bevölkerung wie die Thüringens kann man sicher lange suchen. Von hier werden aus dem Waldesdunkel die Zehnpfennigbasare aller Welt mit kleinen Gebrauchsartikeln und Schnurrpfeifereien versorgt; auch der Christbaumschmuck kommt hier auf die Welt. Und was noch merkwürdiger ist, in diesem düsteren Thüringer Wald wird der größte Teil des Spielzeugs hergestellt, mit dem sich jung und alt in der ganzen Welt vergnügt.

Ist vielleicht die Waldeinsamkeit daran schuld, sind es die sechzehn bis achtzehn Stunden tägliche Schufterei um eine elende Nahrung – dieses mühselige, freudlose graue Dasein, das die Menschen gefangennimmt, sobald sie aus dem Mutterleib hervorkriechen? Hier oben entstehen die Karnevalsmasken: Pierrot, der gehörnte Teufel, der Zwerg mit seinem höckerigen Gesicht – und die gutmütige alberne Fratze des dummen August! Der Nürnberger Kram, aus dem sich die Kinder ihre erste lächelnde Welt erbauen, die barocken Phantasiegeburten von Spielsachen, die sich jedes Jahr die Weihnachtsmärkte der ganzen Welt streitig machen – hier, in dem erdrückenden Waldesdunkel, hat es seinen Ursprung.

Es scheint, als kenne im Thüringer Wald groß und klein nur allzu gut die düstren Winkel des menschlichen Gemüts und habe sich

Puppenstube mit beweglichen Figuren und Musikwerk (Thüringen, um 1880).

zum Ziel gesetzt, Licht hineinzutragen. Mit der üppigsten Phantasie streuen die blassen Geschöpfe des schwarzen Waldes Dinge zu Freude und Spiel über den Erdball aus. Hier oben entstehen alle die Puppen, mit denen überall in der Welt die Kinder spielen; selbst die Negerkinder bekommen ihre Puppen – kraushaarig und kohlschwarz – von hier.

II

In der Gegend um Finsterbergen werden hauptsächlich Puppen hergestellt. Es bedarf großer Fingerfertigkeit, um mit dieser Arbeit einigermaßen Brot ins Haus zu schaffen; deshalb ist der Mann die am wenigsten wichtige Person des Haushalts. Die Frau bedeutet etwas mehr, aber die Kinder sind die eigentlichen Versorger. Hier bedeuten viele Kinder ausnahmsweise einmal ein gutes Auskommen.

Das Ehepaar Gessert hatte nur ein einziges Kind, einen Nachkömmling obendrein. Viele Jahre hatte es so ausgesehen, als sollten sie überhaupt keine helfenden Hände erhalten. Aber der Zwerg Coryllis plagte sich so lange mit Mutter Gessert ab – besprach sie, gab ihr wundertätige Kräuter ein und schlug die Luft durch sie –, daß sie sich schließlich ergab und einen Jungen zur Welt brachte: in einem Alter, wo sich die Frauen sonst so langsam darauf einrichten, Großmutter zu werden.

Sie wohnten hoch oben im Leinatal, an der ersten Berglehne, über welche die Leina hinweg muß; die kleine Hütte war auf allen Seiten von dichtem Tannenwald umgeben. Durch die beiden kleinen Fenster der Stube hatte man anfänglich Aussicht weit das Tal hinunter gehabt und – durch einen Einschnitt in den entfernteren Waldbergen – weiter hinaus in die Ebene mit dem Erfurter Dom in der Ferne. Aber die Tannen säten sich selber vor der Hütte aus, und Gessert ließ sie wachsen. Wenn die Frau sie beseitigen wollte, schalt er.

»Was sollen wir mit der Aussicht?« sagte er, »wir bringen es ja doch nie zu was. Mag nur der schwarze Wald uns einschließen!«

Und der Wald schloß sich um sie. Wenn der kleine Junge einen Schimmer der Welt erhaschen wollte, mußte er sich weiter und weiter von der Hütte entfernen. Auf diese Weise machte er sich frühzeitig mit dem Gedanken vertraut, daß es zu Glück und Freude ein weiter Weg sei.

Er hatte immer seltener Zeit, bis zu der Lichtung zu laufen und über die offene, freie Welt hinauszuspähen, denn schon von seinem vierten Jahr an mußte er arbeiten für sein Brot. Er mußte die halben Puppenleiber wenden, die eben aus den Steinformen herausgenommen worden waren und zum Trocknen auf den Felsplatten hinter der Hütte lagen; und bald mußte er mit seinen kleinen Fingern die aufgeweichte Pappmasse in die Formen pressen, während die Mutter die Ränder sauber beschnitt und die Masse wieder vorsichtig aus der Form nahm. Dies war eine Arbeit, die ihm noch nicht anvertraut werden durfte, und darüber war er froh.

Die Arbeit hatte seinen kindlichen Ehrgeiz bereits aufgezehrt; er sah mit Grauen jeder Erklärung entgegen, daß er nun zu diesem oder jenem groß genug sei.

Es ist nicht gut, einziges Kind zu sein, wenn das Auskommen von

Sonneberger Holzdocken (Puppen) mit Möbel aus der Zeit um 1800.

einer großen Kinderschar abhängt; und wenn sich der kleine Heinz vom Hunger verführen ließ, vom Roggenmehlkleister zu essen, bekam er vom Vater Prügel.

Er wurde schwermütig unter der Last der Arbeit. Wenn der Vater auf Waldarbeit war, schien es, als wiche ein Druck von der Mutter. Dann kam sie auf die fröhlichen Erinnerungen ihrer Mädchenzeit zurück, sang dem Jungen bei der Arbeit Tanzweisen und Liebeslieder vor oder erzählte von der Spinnstube und den anderen Freuden unten im Dorfe. Aber das ging ihn ja eigentlich nichts an.

Puppen und Spielzeugkuh der Fa. Gebrüder Heubach in Lichte.

Die Schule brachte etwas mehr Abwechslung in sein mühsalbeladenes Kinderdasein, aber auch damit war nicht viel los, wenn man so spät wie möglich von zu Hause weggelassen wurde und sich wieder nach Hause sputen mußte – aus Rücksicht auf die verhaßte Arbeit. Er hatte es am besten, wenn sich der weiße Winter über den Thüringer Wald legte und er auf seinem Schlitten die fünf Kilometer ins Dorf hinuntergleiten und unmittelbar bis vor die Schultür sausen konnte. Wenn er so von droben aus dem schwarzen Wald heruntergeschossen kam, über und über weiß, aber das Dunkel des Waldes lauernd in seinem unerschütterlichen finsteren Antlitz, war er der Held der Schule.

Zu Hause war es ihm am liebsten, in Ruhe bei der Arbeit zu sitzen und nachzusinnen. Dann beschäftigten sich seine Gedanken mit all den Kindern auf der ganzen Welt, die mit dem, was er herstellte, spielen würden – wie sie wohl aussähen, und ob sie außer der Erlaubnis zu spielen auch so viel zu essen bekämen, wie sie mochten. Sie hatten bestimmt auch keinen Frost in den Füßen, diese - -. Er konnte sie nicht ausstehen.

Einmal in der Woche schnallte sich die Mutter einen hohen Korb mit halbfertigen Puppenleibern auf den Rücken und trabte zu der Fabrikstadt in der Ebene hinunter, um die Arbeit abzuliefern. Es waren drei Meilen bis dahin, und sie mußte früh von Zuhause weg und kam spät zurück. Aber Heinz hielt sich wach, denn es kam vor, daß sie ihm aus der Stadt das eine oder andere mitbrachte. Blieb sie über eine bestimmte Zeit aus, dann wußte er, daß es in der Puppenfabrikation keine Arbeit mehr gab und daß sie nach einer anderen Fabrikstadt, wo hauptsächlich Fastnachtsmasken hergestellt wurden, gewandert war, um von dort Rohmaterial zu holen. Aber es geschah auch, daß sie erst am nächsten Vormittag zurückkehrte, dem Umsinken nahe unter einer Last Material, woraus Christbaumschmuck hergestellt werden sollte: Glimmerzeug, Pappschmuck, Sprühsterne und richtige Weihnachtssterne für die Baumspitze. Dann war sie auf ihrer Jagd nach Arbeit noch weiter fortgewesen und wußte merkwürdige Dinge zu erzählen. Und Heinz hob doch einmal den Kopf und hörte zu.

Einige Male hatte er sie in die Fabrikstadt unten begleitet, sonst aber war er an diesem Tag der Woche meist ganz allein und mußte doppelt fleißig sein.

Dann konnten Waldeinsamkeit und kindlicher Widerwille gegen die einförmige Arbeit sich um ihn zusammenrotten und ihm auf den Leib rücken. Und in seiner Not fing er an, ganz andere Gesichter auf die Masken zu malen, vertauschte Bärte und Augenbrauen und Züge von Maske zu Maske und freute sich königlich über das Resultat, obwohl er niemals lachte. Auf diese Weise entstanden mehrere Masken, die auf dem einen oder andern ausgelassenen Fasching, vielleicht hundert Meilen von dem schwarzen Wald entfernt, am meisten Aufsehen erregen sollten. Er versteckte die verzerrten Masken sorgfältig tief im Stapel der fertigen Arbeit – und was er nicht selber zur Genüge außer Sicht zu bringen vermochte, darum würde sich die Mutter kümmern, wenn er zu Bett war. Es gab Schläge, wenn der Vater seine harmlosen Narrenpossen entdeckte. Heinz bemerkte, daß die Mutter unter den Prügeln, die er bezog, mehr litt als er selber. Es muß ihr wohl irgendwo weh tun, dachte er und gab sich mit dieser Erklärung zufrieden.

Er wurde immer mehr ein schwieriger Junge, besonders der Vater klagte darüber, wenn er am Samstagabend unten in der Dorfkneipe hockte. Den Wald liebte Heinz nicht; dauernd stand er da, voll unheimlicher Drohungen, und gähnte weit in die kahlen Fenster – er haßte ihn! Und er haßte die Puppen – und alle die fremden Kinder so weit weg, die mit ihnen spielen würden.

Er steckte voll seltsamer Launen. So klein er war, konnte er sich über die harmlosesten Dinge wütend ärgern, und das wurde sein Schicksal. Als er eines Tages allein zu Hause saß und Puppenleiber machte, wurde er plötzlich der ewigen Mädchen überdrüssig – sie

*Die beiden Puppen wurden in Georgenthal bzw.
Gräfenhain bei Ohrdruf gefertigt
(1880 und nach 1901).*

waren nicht zu ertragen! Warum war nie ein ehrlicher Junge unter den vielen Puppen? Es befiel ihn die unbändige Lust, nur einen einzigen Puppenjungen zu sehen, und er fing an, mit dem Taschenmesser in dem weichen Formstein herumzubohren. Das Ergebnis machte ihm Vergnügen, und als die Mutter nach Hause kam, lagen mehrere Dutzend halbe Jungenleiber zum Trocknen da; so gut hatte er gearbeitet.

Zu seinem Erstaunen weinte sie, vor lauter Verzweiflung knüllte sie ihren ganzen Rock vorn wie einen Scheuerlappen zusammen. Die Form war verdorben und das Material verschwendet; so ungern sie es auch tat, sie mußte es dem Vater sagen. Und diesmal schlug Gessert hart zu. Es lag ein ganzer verlorener Wochenlohn in den Schlägen, und Heinz mußte mehrere Tage lang das Bett hüten.

Da lag er auf seinem schmerzenden Rücken und gelangte zu einem Entschluß. Er wollte hinaus in die Welt, denselben Weg, den die Puppen gingen! Hinaus, wo keine Haselstecken wuchsen, wo die Kinder nicht dazu verurteilt waren, stillzusitzen und Spielzeug zu machen und Prügel dafür zu kriegen – sondern selber damit spielten! Es gab eine andere Kinderwelt – die ihren Frohsinn hierher, aus dem schwarzen Walde, bezog. Er hatte ihren Lichtschein lange geahnt, jetzt wollte er dahin!

Als die Mutter am Sonnabendmorgen ihre Last auf den Rücken genommen hatte und schon einige Zeit fortgegangen war, stand er auf; der Vater war auf Waldarbeit. Er steckte einen Klumpen Kartoffelbrei zu sich, nahm seinen Schlitten und setzte in Sprüngen, als werde er verfolgt, von der Hütte fort. Eine Strecke weg fiel ihm aber ein, daß die Mutter nichts zu essen vorfinden würde, wenn sie am Abend heimkäme; er kehrte um und legte den harten Breiklumpen auf den Stein vor der Tür – in die Hütte wollte er nicht mehr hinein. Und wieder ein Stück weiter fiel ihm ein, daß ein Fuchs kommen und den Brei fressen könne; er kehrte noch einmal um und legte ihn oben auf den Türrahmen, wo der Schlüssel seinen Platz hatte.

Dann zog er in den Wald. Er nahm nicht den üblichen Weg talabwärts, sondern quälte sich den Berg hinauf, immer aufwärts. Um die Mittagszeit hatte er den Wald hinter sich und die freie Aussicht erreicht.

Es war einer dieser klaren, stillen Wintertage, wo der Thüringer Wald eine Welt für sich ist, eine weiße, lichte Zauberwelt hoch unter dem Himmel. Nie hatte er sich vorgestellt, daß die Erde so festlich sein könnte. Stürme hatten den Hochwald hier oben gefällt, nur einige einsame, gewaltige Riesen standen und wiegten sich leise, als wollten sie einen Schmerz betäuben. Zu ihren Füßen lag der junge Wald im Winterschlaf; er glich einer zahllosen Herde zusammengerollter, phantastisch geformter Tiere – alle in weißem Winterpelz.

Heinz konnte weit hinaussehen, hinweg über schneeweiße Höhenzüge und walddunkle Täler, worin sich Dörfer versteckten: Das alles war ihm vertraut. Aber weit draußen blaute in einem Einschnitt zwischen den Bergen das Tiefland hervor – eine Stadt in seinem Schoße und darüber ein gewaltiger Dom. Das war Gottes weite Welt, und dahin wollte er!

Er ging geradeaus weiter, bis er an einen Weg kam, der sich hinabschlängelte. Da warf er sich auf seinen Schlitten, und auf dem Bauche liegend, rutschte er hinunter, Kilometer um Kilometer, das Gesicht unverwandt nach vorn gerichtet. Er machte sich keine märchenhaften Vorstellungen von dem, was ihm begegnen würde, sondern ließ sich bloß hinabgleiten – hinab ins Unbekannte.

Die Flucht war an sich selbst genug – besser hatte er sich nie gefühlt.

III

Was dem kleinen Heinz begegnete von der Zeit an, wo er von zu Hause flüchtete, bis zu dem Tag, da er als erwachsener Mann in einem wildfremden Lande ein eigenes Heim und einen eigenen

Wirkungskreis erhielt – ja, das ist eben das, was allgemein das Märchen des Lebens genannt wird, und darüber mag sich jeder selbst unterrichten. Etwas muß einem ja begegnen, und wenn man so wenig verwöhnt ist wie Heinz, dann gehört viel dazu, bis es ganz schlimm wird. Die Ausfahrt ergibt sich letzten Endes von selbst; ein bißchen mehr oder weniger erlebt – das kommt dabei heraus. Für die meisten Fahrenden beginnt das Erstaunliche da, wo sich die Bahn wieder heimwärts wendet. Wie so manch anderer, vergaß

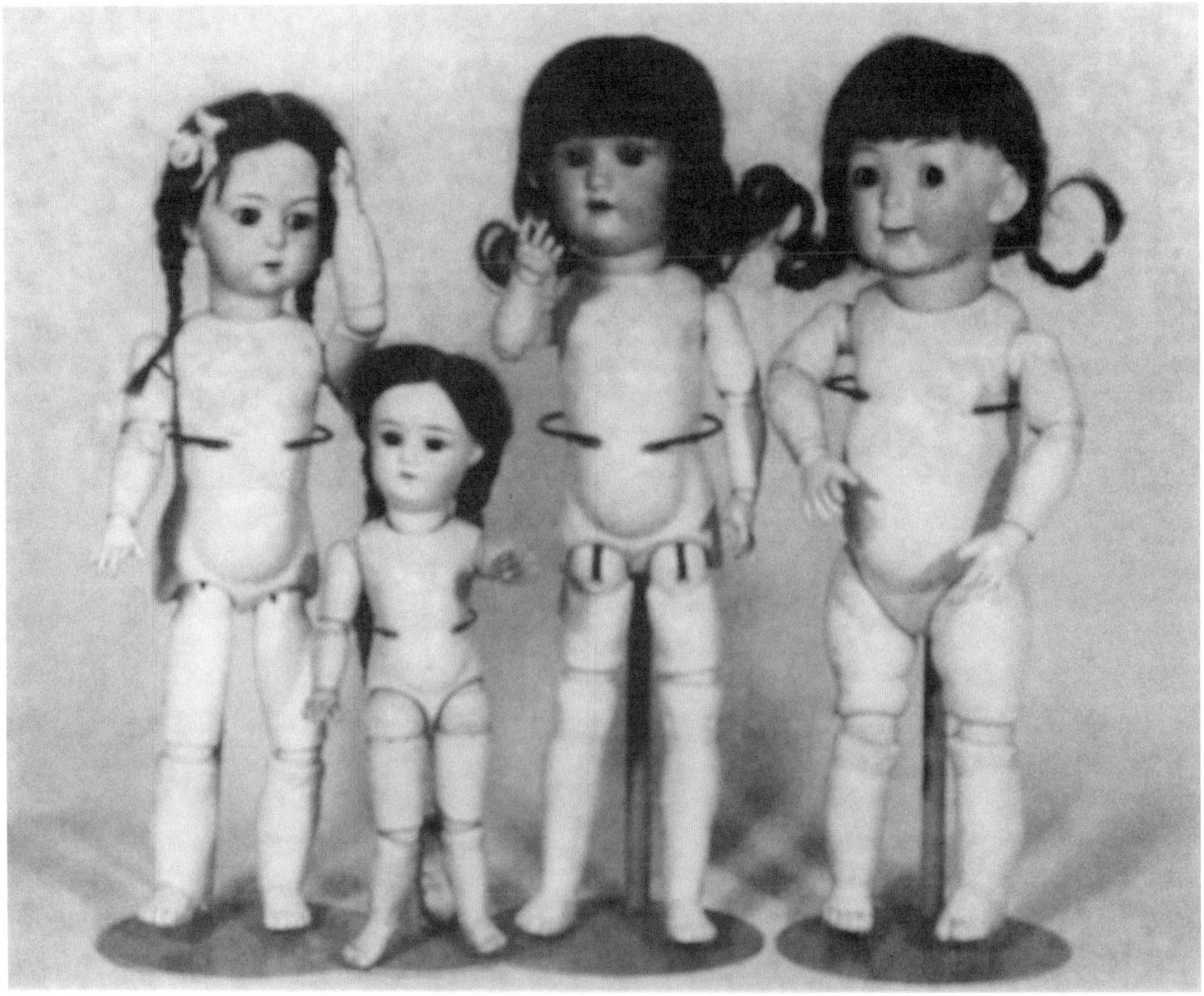

Puppen mit Kugelgelenkköpfen in verschiedenen Ausführungen.

Heinz mit der Zeit seinen Ausgangspunkt; daß er trotzdem wieder zurückfand – das ist das Wunder seines Lebens.

Als Gessert, der die ganze Woche über auf Waldarbeit fortgewesen war, am Sonntagvormittag nach Hause kam und hörte, daß der kleine Heinz davongelaufen sei, da lachte er ausnahmsweise einmal, und das machte die Frau noch unglücklicher. Er fühlt sich nicht wohl dabei, dachte sie und eilte in die Küche, um die großen Kartoffelklöße zuzubereiten, die sein Leibgericht waren. Aber Gessert schluckte das Essen, ohne daß ihm anzusehen war, daß er sein Leibgericht aß, und antwortete nichts, wenn die Frau ihn anredete. Er saß da und nickte kauend vor sich hin, als ob er sagen wollte, er würde es schon schaffen, die Sache sollte wohl geordnet werden! Als er gegessen hatte, ging er hinaus; mit einem soliden langen Stecken kam er wieder herein. Er schwippte damit und machte sich daran, den Rucksack zu packen.

»Mußt du schon wieder fort?« fragte die Frau bekümmert.

Er antwortete ihr nicht, sondern hantierte nur herum und nickte unheilverkündend.

Gessert verließ ohne Lebewohl die Hütte und wandte sich durchs Dickicht aufwärts – den Weg, den er einzuschlagen pflegte, wenn er auf Waldarbeit ging. Doch sobald er die Hütte nicht mehr sah, nahm er die Richtung nach dem Dorfe zu. Auf dem Wege das Tal hinunter rief er öfters den Namen des Jungen, und jedesmal schwippte er mit dem Stecken, als ob er sein Rufen mit dem Versprechen tüchtiger Prügel unterstreichen wollte.

An mehreren Stellen unten im Dorf erkundigte er sich nach dem Jungen. »Ich gab ihm ja nur seine wohlverdiente Strafe«, sagte er und zog die Steinform hervor, um zu zeigen, was der Lausebengel angerichtet hatte. »Aber ich werde ihn schon dazu bringen, die Nase wieder heimwärts zu wenden!« Er schwippte mit dem Stecken.

Da ihm niemand Bescheid zu geben vermochte, ging er wieder in den Wald hinein, trat aber nicht mehr so fest auf. Er schritt über den Rennsteig hinweg und gelangte in Täler auf der anderen Seite. Oft hielt er inne und rief. Als er merkte, daß ihm der Stecken zu keiner Antwort verhalf, warf er ihn weg. Er stellte sich auf vorspringende Stellen und zeigte die leeren Hände vor, wenn er rief. Seine Stimme hatte einen schwachen flehenden Ton.

In den Wirtshäusern nahm man den Mann auf der Suche gut auf; man setzte ihm einen Krug Bier vor, und er wiederholte seine Geschichte von dem Jungen, der weggelaufen war.

»Seht bloß her«, sagte er und zeigte ihnen die Steinform, »ein begabter Bursche, was? Wahrscheinlich hatte er Angst vor Schlägen und ist deshalb ausgerissen, denn so eine Form kostet ja Geld – aber schiet drauf! Solltet ihr ihn sehen, dann sagt ihm, daß es weiter nichts ausmacht, keiner ist ihm böse deswegen.« Seine Stimme klang ganz wund, er tat den Leuten leid.

Nach einigen Wochen Herumstreifens kam er nach Hause; er klagte über Schmerzen im Kopf und legte sich gleich hin. Er wäre unter einen stürzenden Baum geraten, und der hätte ihn am Kopf getroffen, sagte er seiner Frau.

Mit Gessert nahm es von da an seinen eigenen Weg. Er konnte wie früher am Montagmorgen fortgehen und am Ende der Woche mit dem vollen Wochenlohn heimkehren. Aber manches liebe Mal kam er mit leerer Tasche nach Hause, und dann wußte die Frau, daß er nach dem Jungen umhergestreift war. Manchmal lag er lange Zeit zu Hause auf der Bank, das Gesicht gegen die Wand gerichtet und ein Kissen über den Kopf gedrückt; und das war eigentlich das beste. Dann verschliß er nicht sein Zeug, und die Frau wußte, wo sie ihn hatte. Sie tat alles, um ihn ans Haus zu fesseln, unterhielt ihn, während sie arbeitete – über seine Kopfschmerzen und den bösen Baumriesen, der schuld daran war –, und erzählte ihm, was sie in der Nacht von dem Jungen geträumt hatte.

Für Mutter Gessert waren es schwere Jahre. Sie mußte sich tüchtig plagen, um die Not von der Tür zu halten, und irgendwelche Lichtblicke sah sie nicht, wohin sie sich auch wandte. Aber sie überstand sie kraft der wunderbaren Fähigkeit der Frau aus dem Volke, an Unglück und Mißgeschick zu wachsen; Mühsal und Not konnten sie nicht unterkriegen. Niemals hatte sie sich so entschlossen an die endlose Schufterei begeben wie jetzt, und nie war sie mit ihrem Jungen so sehr verbunden gewesen wie jetzt in ihren Träumen. Jede Nacht war sie mit ihm zusammen, und da lebte sie ihr Leben; am Tage wartete sie bloß. Ihr Heinz hatte sich in die Welt begeben, um seinen Eltern ein sorgenfreies Alter zu verschaffen! Er würde wiederkehren, wenn seine Zeit gekommen war.

Wenn Gessert es vor Kopfschmerzen nicht mehr aushielt, mußte er sich auf der Bank aufrecht hinsetzen und die Steinform hervorholen. Dann füllte er sie mit Masse aus, nahm einen Abdruck und zeigte der Frau wohl zum hundertsten Male, wie verdammt gut die Veränderung ausgeführt worden war. Sie begriff, daß er sich in seinem Innern dauernd mit Selbstvorwürfen quälte, und sie bemühte sich, seinen Gedanken eine andere Richtung zu geben. Aber von dem Jungen kam keiner von ihnen los. Ehe sie es wußten, war die Rede wieder von ihm.

Ihre Auffassung von der Sache wurde auf die Dauer der Zeit die stärkere – wahrscheinlich deshalb, weil sie freundlicher war als seine. Allmählich brachte sie ihn so weit, daß auch er glaubte, der Sohn sei fortgegangen, um für sie alle drei das Glück zu suchen. Seine Kopfschmerzen hörten auf, und sie brachte ihn wieder zum Arbeiten. Es war nicht viel, aber immerhin konnte er Kleister kochen, Papiermasse aufweichen und ähnliche Dinge verrichten.

Als sie so weit gekommen war, waren sie beide alt geworden. Namentlich Gessert war es anzumerken, bei der Arbeit geriet er leicht ins Spielen. Am liebsten goß er die kassierte alte Form aus, und wenn die Gelegenheit günstig war, schmuggelte er einige der Jungenleiber in Mutter Gesserts Korb. Er wollte dem Sohn behilflich sein, sich mit seiner Erfindung durchzusetzen. Die in der Fabrik unten sagten dann: »Nun hat der verrückte Gessert oben an der Leina wieder einen seiner Anfälle gehabt.«

So gut sie konnte, paßte die Frau auf, daß die mißgestalteten Puppenleiber nicht mit in die Lieferung hineinrutschten; sie hatte Angst, die Arbeit zu verlieren. Aber Gessert überlistete sie; er war in seiner prahlerischen Einbildung so verstockt, als gelte es Leben und Seligkeit, ihnen alles zu verderben! Als ob es etwas zum Großtun wäre, daß einmal ein kleiner Junge mit seinem Taschenmesser eine Unanständigkeit fabriziert hatte!

Sie liebte ihren kleinen Heinz und erinnerte sich trotz der vielen langen Jahre an alles, was ihn betraf – auch an seinen Drang, alles umzugestalten. Aber ihn zu verstehen, hatte sie nie gelernt. Viele bittere Tränen hatte er sie gekostet, und jetzt mußte sie sich auf ihre alten Tage von neuem mit den Folgen dieses Dranges herumschlagen.

Und dann war es doch Gessert mit der fixen Idee, der sich auf dem rechten Wege befand – vielleicht war er ganz und gar ins Kindliche geraten und hatte dort die Spuren des kleinen Heinz wiedergefunden.

Gerade in diesem Jahre kamen die Charakterpuppen auf, und als der Fabrikbesitzer eines Tages eine von Gesserts eingeschmuggelten Puppen in die Hände bekam, sagte er: »Ja, warum eigentlich nicht? Laßt uns doch mal diesen Puppenjungen der Welt anbieten!« Die Puppe wurde nach ihrem kleinen Erzeuger Heinz getauft, und die alten Gesserts erhielten Bestellung auf so viele Probestücke, als sie zu liefern vermochten. Die Puppen wurden in die malerische Bauernburschentracht gekleidet, die oben im Leinatal getragen wird, kamen jede in ihre elegant ausgestattete Schachtel und wurden in die ganze Welt an alle Geschäftsfreunde der Fabrik gesandt.

IV

Eines Frühjahrsmorgens stolperte der rot uniformierte Postbote die Hauptstraße der kleinen dänischen Provinzstadt Gammelköbing hinan. Es war Tauwetter und Sonnenschein, das

Frühlingswasser rieselte zwischen den holprigen Pflastersteinen dahin. Der alte Briefträger mußte von Stein zu Stein springen, so daß die Pakete auf seinem Rücken auf und ab tanzten und auf der Posttasche Trommel schlugen. Zuoberst lag ein kleines Paket, das besonders rebellisch war; jeden Augenblick fiel es ihm über den Kopf und traf seine schwammige breite Nase, die – wahrscheinlich von Amts wegen – noch röter schimmerte als die Uniform. Dann fluchte er gutmütig vor sich hin.

Etwas weiter oben in der gewundenen schmalen Straße war eine vorspringende alte Steintreppe, sie reichte ganz bis zum Rinnstein hin. Über der Treppe hing ein schmiedeeisernes, kunstfertiges altes Schild und knarrte im Frühjahrswind; die verschnörkelten Buchstaben waren schwer zu entziffern, aber auf der Tür selber stand klar und deutlich

HEINZ GESSERT
PUPPENMAGAZIN PUPPENKLINIK

Herr Gessert saß mit seinem zweijährigen Jungen auf den Knien gerade beim Frühstückskaffee, als die Post kam; seine Frau war im Laden.

»Heinz, Heinz, komm, sieh bloß mal!« rief sie zu ihm hinein. »Eine ganz neue Puppenart – Puppenjungen! Und er heißt genau wie du.«

Heinz Gessert kam herausgesprungen, er war wie besessen, wenn es Neuheiten in Puppen galt; er machte sich sogleich an die Puppe. Seine Frau stand daneben und beobachtete ihn mit einem Ausdruck froher Verliebtheit; es machte Spaß zu sehen, wie seine Hände eine Puppe anfaßten, und dann die Kennermiene, womit er die Arbeit untersuchte! Er selbst hielt es für den seltsamsten Zufall, daß gerade er Inhaber eines Puppenmagazins werden mußte; alles andere läge ihm näher, meinte er. Aber das hinderte ihn nicht, daß er in seinem Fach so besonders tüchtig war. Oftmals war es ganz unbegreiflich, wieviel er aus einem Puppenleib, der sich für alle anderen von den übrigen durch nichts unterschied, herauslesen konnte.

Aber so sonderbar wie jetzt war ihr Mann noch nie mit einer Puppe umgegangen. Er drehte und wendete sie um und um, mit immer nervöseren Bewegungen. Sie stand dabei und wartete darauf, daß er mit seinen amüsanten Wahrnehmungen herausrücken solle – und sah, wie seine Hände zitterten und der Ausdruck seines Gesichts immer wieder wechselte. Und da wurde ihr angst. »Heinz!« rief sie und faßte ihn an. Aber er wandte sich von ihr ab und ging still in sein Büro, die Puppe seltsam leblos in den Händen.

Mehrere Male ging seine kleine Frau an die Tür. Sie ahnte, daß hier etwas wäre, was den dunklen Punkt seines Lebens berührte – seine früheste Kindheit, und daß er am liebsten damit allein sein wollte. Aber das Herz blutete ihr vor Verlangen, ihm jetzt nahe zu sein und ihm eine sanfte Hand auf die Stirn zu legen. Schließlich hielt sie es nicht mehr aus und ging leise zu ihm hinein. Er saß zusammengesunken, schlaff da – wie nach einer starken Gemütsbewegung – und starrte geistesabwesend in die Ferne; vor ihm lag der nackte Puppenleib, ganz nackt und bloß.

»Soll ich wieder gehen?« fragte sie leise und strich ihm behutsam übers Haar.

Erst jetzt kam er zu sich; er faßte die liebkosende Hand und küßte sie. »Ich habe meine Kindheit wiedererhalten«, sagte er still, beinahe schamhaft. Als das erst gesagt war, holte er Luft und begann zu erzählen – dunkel und märchenhaft: von einem kleinen Jungen tief im dunklen Wald, von der Hütte an der Berglehne, von dem ewigen Eingesperrtsein bei der verhaßten klebrigen Arbeit mit aufgeweichter Pappmasse und Kleister. Von dem Jungen, der deshalb zum Kobold wurde, weil er im Dunkeln eingesperrt sitzen mußte, um für die Kinder draußen in der lichten Welt Spielzeug zu machen! Es war ihm alles entschwunden gewesen, aber nun trat es lebendig wieder hervor. Und das eine zog das andere nach sich: die Steinform, die die Verwandlung vom Mädchen zu dem Puppenjungen da auf dem Tisch durchmachen mußte – und die Flucht, um den Folgen zu entgehen. Und während er erzählte, trat plötzlich eine neue Gestalt in seine Erinnerung ein – der Vater. Er sah ihn in einer niedrigen Tür stehen, Axt und Säge hingen ihm über dem Rücken, der Brotbeutel vorn.

»Und das hast du alles stillschweigend mit dir herumgeschleppt«, sagte sie schluchzend und bedeckte den kleinen Puppenleib mit Küssen. »Warum denn, Heinz?«

»Ich hatte es doch vergessen«, antwortete er bedrückt. »An Mutter habe ich immer eine Art Erinnerung gehabt – ein gütiges Gesicht, das sich über mich beugte.

Alles andere aber war mir unterwegs entfallen. Ich habe wohl selber dazu beigetragen – indem ich es unterdrückte.«

»Aber warum denn?«

»Aus Angst, daß man herausbekommen könnte, wo ich hingehörte, und mich dann zurückschickte, glaube ich. Und vielleicht – Kinder können auch hassen, du!«

»Daß du gerade hier landen mußtest!« Ihre Augen strahlten unter Tränen. Er legte den Arm um sie.

»Ja, du, das ist das Wunderbare! – Und wie ist es denn vor sich gegangen? Ich habe nur eine dunkle Erinnerung; eine Landstraße und ein Mann, der mich an der Hand hielt – ein Wanderbursche wahrscheinlich. Wir haben uns wohl durchgebettelt, denn ich glaube mich an Türen erinnern zu können, die mir zu gewisser Zeit in meinem Leben ständig vor der Nase zugemacht wurden. Er muß mich nach Kopenhagen gebracht haben und mir dann auf irgendwelche Weise entschwunden sein; von dem Augenblick an, wo ich in dem großen Spielwarengeschäft auf dem Strög Laufbursche wurde, erinnere ich mich an alles recht deutlich, aber er tritt nirgendwo darin auf. Dort behielten sie mich – und ließen mich den Handel erlernen.«

Sie nickte. »Wie ist das Leben seltsam«, sagte sie weich und sah träumerisch vor sich hin, mit den Gedanken irgendwo anders weilend. Dann richtete sie sich erschauernd auf – sie dachte daran, was gewesen wäre, wenn dies alles nicht stattgefunden hätte –, ergriff den kleinen Puppenleib und küßte ihn heftig – gerade auf die verhängnisvolle Stelle.

»Und nun mußt du nach Hause fahren und deine alten Eltern zu finden suchen«, sagte sie entschlossen.

»Wenn es nur nicht zu spät ist«, antwortete er – und brach plötzlich in heftiges Weinen aus.

Sie drückte seinen Kopf an sich und ließ ihn ausweinen. Es war all das Finstere in seinem Leben, was sich nun auflöste und wie Regen niederfiel.

V

Weg hinaus und Weg nach Haus sind gleich lang, sagt das Sprichwort; für Heinz jedenfalls war aber der Heimweg bedeutend kürzer und leichter, als es der Weg hinaus gewesen war. Zwei Tage, nachdem ihm die schicksalhafte Puppe ihren Gruß überbracht hatte, stieg er in Waltershausen aus dem Zug. In der großen Puppenfabrik erhielt er alle erforderlichen Auskünfte. Es war gerade der Tag in der Woche, wo die alte Mutter Gessert Arbeit abzuliefern pflegte; wenn er nur zwei, drei Stunden wartete, könnte er sich den Weg in die Berge ersparen, sagte man ihm. Aber der Fremdling wollte nicht warten; er machte sich stracks zu Fuß nach Finsterbergen auf.

Auf der Bergflanke, die von Friedrichroda nach Finsterbergen hinaufführte, kam ihm ein schwer bepacktes Mütterchen entgegen. Der Pfad war von dem Tauwasser des Frühlings voller Eis, die hohe Kiepe beugte sie vornüber; sie mußte sich an den schleppenden langen Ästen der Tannen festhalten und sich von Baum zu Baum gleiten lassen, um nicht den Berg hinunter ins Rutschen zu geraten.

Heinz hielt sie in seinen starken Armen, noch ehe sie ihn entdeckt hatte. Er befreite sie von der Last und hob sie auf das weiche Moospolster unter den Tannen, während sein Herz vor Freude und Jammer weinte. Ach, wie klein und leicht sie war! Die schwere Hand des Lebens hatte sie fast wieder in die Erde hineingezwungen, aber in dem runzligen gütigen Gesicht leuchteten zwei vertrauensvolle Kinderaugen, die er aus seiner Knabenzeit wiedererkannte.

Nichts greift so tief wie eine Liebkosung von den Händen, die sich für einen abgemüht haben, und unter den tappenden gichtischen Fingern der kleinen verwelkten Frau brach Heinz zusammen. Jetzt erst begriff er zur Gänze, was der Schatten in seinem Dasein gewesen war: Wie schwer es gewesen war – nicht zum mindesten als Erwachsener –, ohne Mutter zu sein.

Das kleine alte Mütterchen lächelte bloß, während sie über ihren Jungen hintastete, der so groß und so vornehm geworden war, und behutsam umfing sie ihn mit ihren versagenden Augen. Nichts auf der Welt konnte sie noch überraschen, und daß der da zurückkommen würde, hatte sie ja immer gewußt. Er war für sie alle drei hinausgezogen, und nun war er wieder hier!

»Nun wird Vater froh werden!« sagte sie, und das alte Haupt zitterte. Und das war ihr erstes Willkommenswort an ihn.

Lauscha – die Wiege des gläsernen Christbaumschmucks

Nachdem Christoph Müller aus Böhmen und Hans Greiner aus Schwaben gen Ende des 16. Jahrhunderts im Tal der Lauscha eine erste Glashütte gegründet hatten, wuchsen rasch Produktion und Familien. Die zur Unterscheidung der vielen Greiners und Müllers verwendeten Beinamen sind den Gästen des Glasbläserstädtchens ein Buch mit sieben Siegeln.

Relativ einfach ist es noch bei den Familien Greiner Pol oder Greiner Schwed; von denen war je ein Vorfahre in einer polnischen beziehungsweise schwedischen Glashütte beschäftigt. Die Sippe der Greiner Bär führt ihren Beinamen auf einen Heinrich Robert zurück, der einst mit seinen Bärenkräften einen respektablen Baum ohne Werkzeug ausgegraben und dann umgelegt haben soll. Oder die Müller Schmoß. Von denen konnte einer infolge eines Sprachfehlers nicht »wos« (im Dialekt für »was«) fragen, sondern brachte nur »schwos« heraus. Das wiederum blieb – als »Schmoß« – an den Seinen hängen.

Von den vielen Wilderergeschichten der »Lausch« sei jene erinnert, welche die Beschaffung eines Weihnachtsbratens zum Thema hat: Der Glasbläser Artl (Artus) hatte – kurz vor dem Fest – einen Bock erlegt und war mit diesem auf dem Heimweg, wo dreizehn Kinder des Fleischbringers harrten. Doch dazwischen stand, im wahrsten Sinne des Wortes, der von den Leuten ironisch »dr Guttä« (der Gute) geheißene Förster. Als der Artl dessen wohlbekanntes täler- und bergdröhnendes Schneuzen hörte, wußte er, was die Stunde geschlagen hatte. Mit der Beute zu fliehen, war ausgeschlossen. So legte er sie ab und folgte seiner eigenen Spur ins Tal – wo er ein, zwei Schüsse abgab. Der Förster, der inzwischen wohl das Tier, nicht aber den Schützen gefunden hatte, machte – dumm wie er war – kehrt und stampfte wieder zurück, jenen zu stellen. Doch darauf hatte der Artl nur gewartet. Er schlug einen Bogen und brachte den Bock in aller Seelenruhe nach Hause.

Die Lauschaer sind ein eigener, origineller Schlag. Sie gelten als gesellig, spottlustig und hitzig, aber auch als besonders musikalisch.

Und traditionsbewußt sind sie auch. Der kleine Platz, der sich in der Ortsmitte ins Tal quetscht, heißt nicht Markt (was er eigentlich ist), sondern Hüttenplatz (was er bis 1905 war, ehe die alte Mutterglashütte dem zunehmenden Verkehr weichen mußte).

Die Röhren, die dort (auf der Straße!) gezogen wurden, bildeten die Grundlage für die Herstellung des gläsernen Christbaumschmuckes. Der etablierte sich freilich erst zum Ende des 19. Jahrhunderts. Vorausgegangen war u. a. die Fertigung von Butzenscheiben und von sogenanntem »chinesischen Porzellan«, das mit der berühmten fernöstlichen Ware zwar den Namen und das Aussehen, nicht aber die Grundstoffe teilte und nichts anderes als mit Knochenmehl gefärbtes Glas war. Die im 19. Jahrhundert aufgenommene Fertigung von Hohlglasröhren eröffnete neue Perspektiven: Die eigentliche Glasbläserei, als Heimarbeit, wurde geboren.

Glasbläser bei der Arbeit (nach im Museum für Glaskunst in Lauscha aufbewahrten Vorlagen von Küchler); auf den folgenden Seiten das Verspiegeln, Bemalen und Verpacken.

Vor dem Christbaumschmuck gab es aber noch die gläsernen Perlen – ein typisches Modeprodukt. Die ersten heimarbeitenden Glasbläser waren Perlenmacher. Mittels einer Bleilösung wurden die winzigen Kugeln silbern gefärbt. Man blies sie mit dem Mund hinein, saugte den Rest wieder ab und – starb daran ...

Gott sei Dank ging das mit den Perlen vorbei. Aber was nun? Not, heißt es, mache erfinderisch. Die Christbäumchen, die die Stuben der Bürger zu erobern begannen, trugen noch richtige Äpfel oder Birnen oder Zuckerwerk. Waren mit buntem Papier geschmückt. Warum nicht ein gläserner Baumbehang, zumal die Glasbläser alles, was es in der wirklichen Welt gab, in ihrer gläsernen wiedererstehen ließen: Häuser, Weihnachts- und Schneemänner, Trompeten und Posaunen, Vögel und Schmetterlinge, Früchte, Nüsse, Eis- und Tannenzapfen, Glocken und Kugeln – alles aus Glas. Der Weihnachtsbaum als Spiegel des Möglichen und Unmöglichen! Mit viel Glanz und Pracht. Als Wiege des gläsernen Christbaumschmucks zieht Lauscha Tausende von Besuchern an. Der Schauspieler Klaus Havenstein war als Kind mit seinen Eltern dort und tief beeindruckt:

»Mit langen Blasstäben wurden glühende Klumpen aus dem Ofen geholt und zu Vasen, Kugeln und Flaschen geformt. Einen kleinen heißen Tropfen ließ mir der Glasbläser in die Hand fallen. Schnell mußte ich sie schließen, und als ich sie wieder öffnete, war bunter Glasflitter in meinen Händen. Engelstränen nannte sie der Meister.«

Die Stuben waren eng und Arbeitsplatz für die ganze Familie. In einer Ecke der Gebläsetisch mit der Flamme, die die Röhren erwärmte und Voraussetzung war für das Blasen der Kugeln. Deren Färbung, das sogenannte »Verspiegeln«, oblag den Frauen und Kindern. Zum Trocknen steckte man die Ware mit der Öffnung nach

Die Verspiegelung.

unten auf Nagelbretter und lagerte diese auf an der Decke befestigten hölzernen Gestellen. So wurden die Räume noch niedriger, das Gas und die Silber- beziehungsweise Farblösungen noch gefährlicher.

Kein Wunder, daß die Glasbläser relativ früh ins Grab kamen. Die Gegend um Lauscha, Steinheid und Ernstthal, lange als Notstandsgebiet ausgewiesen, zählte zu den ärmsten Deutschlands. Für den exportabhängigen Christ-

Das Bemalen des Christbaumschmuckes.

baumschmuck und dessen Hersteller brachten die politischen und wirtschaftlichen Entwicklungen in Amerika, Rußland und Großbritannien (aber auch in Deutschland selber) große Rückgänge und hohe Arbeitslosenzahlen.

Diese Zeit ist vergessen, ebenso die alten Techniken, die größtenteils durch maschinelle ersetzt wurden. Doch es gibt sie noch oder wieder: die Glasbläserstuben, wo der Tourist zusehen kann, wie Tiere oder Menschen, Gläser

An der alten Chaussee . . .
(vorhergehende Seite).

Die Kirche des Höhenluftkurortes Masserberg (Rennsteig) im späten Licht des Dezembers.

Waldweihnacht – die schlichte Fichte im tonnengewölbten hellen Kirchenschiff stammt aus den nahen Wäldern.

Darstellung von Christi Geburt auf dem Mittelteil der Predella des Altars in Schweinitz. Das Schnitzwerk der kleinen im Orlatal gelegenen Dorfkirche wurde um 1500 in einer Werkstatt der Saalfelder Schule gefertigt.

Engerdas Dorfkirche (in einem »Hexengrund« genannten saalischen Seitental nahe Rudolstadt) geht auf eine romanische Anlage zurück; der Altar ist spätgotisch (rechts).

INRI

Der Altar der Arnstädter Liebfrauenkirche datiert von 1498. Auf dem linken Seitenflügel unten die Darstellung von Christi Geburt.

Die »Schöne Madonna« wurde 1415 aus dem Holz einer Linde geschnitzt (rechts).

Glasfenster mit dem Bildnis des heiligen Nikolaus in der Oberndorfer Kirche, die auch dessen Namen trägt. Das Originalfenster ist in einem Eisenacher Museum.

Romanische Bogen offenbaren das Alter dieser Kirche . . . (rechts). Winterstimmung am Rennsteig (folgende Seiten).

ern von Oefen, Sortiren, Einpacken.

und Kugeln entstehen. Für die Besucher gewiß ein tiefes Erlebnis. Nur – wer die Atmosphäre noch von früher kennt und sich an das Fauchen der Flamme, den Gestank beim Versilbern erinnert, spürt den Verlust. Auch wird man heute nur noch selten einen Käfig mit einem bunten, zwitschernden Waldvogel in den Stuben (oder, im Sommer, draußen am Fenster) finden. Die gefiederten Sänger waren früher die große Leidenschaft der Glasbläser. Man fing sie mit Lockvögeln und Leimruten und sang dann zu Hause mit ihnen um die Wette.

Verschwunden sind auch jene – zumeist – Frauen, die an den Liefertagen das Ortsbild bevölkerten und ihre großen hochbepackten Weidenkörbe voller weißer Kartons mit Christbaumschmuck zu den einheimischen Verlegern brachten beziehungsweise mit der Bahn weiter nach Sonneberg.

Wer sich kundig machen will über jenes kleine thüringische Städtchen, das der Welt den Christbaumschmuck gebracht hat, sollte das Glasmuseum nicht auslassen. Dort findet sich auch die einzigartige Glasharmonika des Johann Georg Greiner, die dieser jeden Karfreitag in der Kirche hat erklingen lassen. Und – man sollte möglichst im Winter nach Lauscha kommen; wenn die Landschaft weiß ist und ein wenig bläulich auch und die rechte Stimmung abgibt zu den bunten Kugeln und Glocken, die uns so selbstverständlich geworden sind, als gehörten sie und der Christbaum schon seit jeher zum Weihnachtsfest.

Gaumenfreuden

Die Geburtsstunde des Stollens resultiert aus einem Privileg des Naumburger Bischofs, für das ihm die Bäckerinnung jeweils am Geburtstag Christi und am Michaelistag zwei lange Weißbrote, Stollen genannt, und zwölf Meißnerische Gulden zu liefern hatte. Leider ist das Rezept nicht überliefert. Der Vergleich mit einem heutigen wäre sicher reizvoll gewesen. Eine thüringische Hausfrau, die kein solches kennt beziehungsweise keinen Stollen zu backen weiß, war noch vor ein paar Jahren – vornehmlich in den Dörfern – undenkbar.

Ich erinnere mich gut der angespannten häuslichen Situation vor dem Backen des so hochgelobten Kuchens. Zunächst mußten die Zutaten her, was sich besonders im Falle der exotischen Ingredienzien als recht schwierig erwies. Sodann wurde ein Termin beim Bäcker bestellt, damit der den Ofen freihielt. Schließlich machten sich Mutter und Oma vereint ans Werk. Nachdem der Teig gemischt war, wartete man gespannt darauf, daß er sein Teil zum Gelingen beitrug und gut ging; danach wurde er unter Anteilnahme von Freund und Feind zum Bäcker gebracht. Die Zeit bis zum Abholen war die schlimmste für die Stollenbäckerinnen. Es gab Frauen, die sie nur mittels »Hingfongtropfen« oder Baldriantinktur ertrugen. Andererseits konnten sie bei Gelingen des Werkes hocherhobenen Hauptes durch die Ortschaft laufen. Im anderen Falle gab es nicht selten kleine oder größere familiäre Tragödien.

Manche Thüringer legen noch heute Wert darauf, siebenerlei Stollen zu kosten. Den eigenen abgezogen, verbleiben noch sechs: Anlaß, bei Freunden oder Bekannten einzukehren. Diese Begegnungen dürften, neben dem Probieren, der eigentliche Grund sein.

Um noch einmal auf die Gefahren des Stollenbackens zurückzukommen: Kein Malheur noch so groß, kein noch so gründliches Mißlingen waren so katastrophal wie das Verbrennen. Falls es doch passierte, mußte im nächsten Jahr einer aus der betroffenen Familie sterben.

Auch ist jedem abzuraten, Wichtelmänner mit Stollen zu beschenken: Sie mögen sie nicht. Die gewesene Frau Bergrätin Hamman aus Wallendorf, die den Kleinen eine Portion anbot, hatte bitter darunter zu leiden. Die Wichtel zogen – wahrscheinlich zu Tode beleidigt (oder erlagen sie gar dem Genuß der ungewohnten Speise?) – ab. Jedenfalls hat man sie nie wieder gesehen, und mit ihrem Verschwinden lag auch kein Segen mehr auf dem Bergwerk.

Der Stollen trägt hierzulande verschiedene Namen. In Mittelthüringen nennt man ihn »Schittchen«. Das bedeutet »kleines Holzscheit«, und die Verwandtschaft mit der ursprünglichen Bedeutung (Stollen = Stütze, Pfosten) liegt auf der Hand. Weitere Bezeichnungen sind: »Krescheit« = Christscheit (Mellenbach), »Christweck« (auf dem Thüringerwald), »Schorn« oder »Schänner« (um Eisenach) und »Christsaamel« = Semmel in Südwestthüringen. In alten Erfurter Urkunden ist von »Scheutigen« und »Eyerschyt« die Rede.

Abgesehen von den Plätzchen gab es auch noch anderes besonders geformtes Weihnachtsgebäck: In Eisenach Pfefferscheiben mit der Abbildung der spinnenden Frau Holle, in Frauenbreitungen (Werra) große Hufeisen, in Gleichamberg »Döckela« oder »Döckelich«, das heißt, als Docke (Puppe) geformte Kuchen.

schaft und Brauchtum des Schiefergebirges beschrieben hat, wußte auch zum Thema »Wecken« eine lustige und, wie man sagt, wahre Geschichte zu erzählen. Die spielte in Neuhaus am Rennweg; zu einer Zeit, als es noch so viel Schnee gab, wie wir es uns heute nicht mehr vorstellen können. Da alles anders aussah unter der weißen Last,

Pfefferkuchen (Rudolstadt)

Wichtig war, daß der Neujahrskuchen an der Oberfläche schön braun wurde, wenn nicht, bedeutete dies den Tod eines Familienangehörigen.

Wally Eichhorn-Nelson aus Ernstthal, die in ihren Büchern so liebevoll-heimatverbunden Menschen, Land-

wußte selbst die Line, die Butterfrau, die jede Woche aus dem Coburger Land heraufkam, um ihre Butterwecken anzubieten, nicht mehr recht, wo sie eigentlich war. So setzte sie sich auf einen aus dem Schnee herausragenden Stein und suchte die Orientierung wiederzugewinnen.

Als sie die Wärme durch ihre Röcke spürte, war es bereits zu spät und mit der Weckenherrlichkeit vorbei. Jetzt endlich ging ihr ein Licht auf: Sie hatte auf dem Schornstein eines völlig zugewehten Hauses gesessen.

Ähnlich abenteuerlich ist die Autorenschaft eines alten Geraer Kochbuches, das 1851 im Verlag von H. Kanitz erschien und sich bestens verkaufte. Als Verfasserin zeichnete Emma Allestein – was ein Pseudonym war für Marie Natalie Semmel, einer Schwägerin Robert Schumanns. Hier das Allestein/Semmelsche Stollenrezept:

Zu 7 Liter Mehl nimmt man 1 1/2 Liter gute laue Milch, 1 3/4 Pfd. Butter, 1/2 knappes Liter gute Hefen oder 240 Gr. in Milch aufgelöste Stückhefen, 1 Pfd. große und ebensoviel kleine Rosinen, 135 Gr. süße und 65 Gr. bittere gestoßene Mandeln, 270 Gr. klaren Zucker, einen knappen Speiselöffel Salz, eine feingewiegte Zitronenschale und etwas Muskatblüte (oder 1 Gr. Citronenschale-

Ludwig Richters Darstellung des alten winterlichen Saalfeld schmückt die Verpackung eines bekannten thüringischen Weihnachtsstollens.

und etwas Muskatextrakt). Will man nun backen, so macht man den Tag zuvor alles dazu Gehörige zurecht, vor allen Dingen muß man das Mehl in die warme Stube, nahe an den Ofen setzen, damit es, wenn es gebraucht wird, nicht zu kalt ist. Die kleinen Rosinen werden einigemal mit warmem und kaltem Wasser gewaschen und zwar so lange, bis das Wasser hell bleibt, dann legt man sie auf ein leinenes Tuch, trocknet sie mit einem anderen rein ab, und liest sie recht rein, damit keine Sandsteinchen darin bleiben. Die großen Rosinen werden rein gelesen, schnell mit wenig lauwarmem Wasser gewaschen, mit einem trockenen Tuche rein abgerieben und unter die gewaschenen kleinen Rosinen gemengt, damit sie mit diesen über Nacht etwas anquellen. Das Mehl wird gesiebt, die Butter zerlassen, daß der Bodensatz zurückbleibt. Drei Stunden bevor man den Teig zum Bäcker schickt, fängt man an, denselben einzumachen. Man setzt bei dem Einmengen des Teiges ein Hefenstückchen an, indem man die Hefen in eine kleine Vertiefung in das Mehl gießt, dann den dritten Teil der Milch dazu giebt, und nun mit einem Löffel rund herum rührt, so daß von den Seiten der Vertiefung so viel Mehl in die Milch und Hefen fällt, daß es ein dicker Brei wird. Diesen bestreut man obenher ganz leicht mit Mehl und läßt ihn zugedeckt am warmen Ofen 1 Stunde oder noch etwas länger stehen, bis die Hefe gehörig aufgegangen ist, dann erst mengt man die anderen Zuthaten unter den Teig und läßt ihn hierauf noch 1 Stunde gehen. Das tüchtige Kneten und Durcharbeiten des Teiges ist eine Hauptbedingungen zum Geraten der Stollen. Nun breitet man in einem Korbe ein weißes Tuch aus, bestreut es gut mit Mehl, legt den Teig hinein und bestreut diesen ebenfalls mit Mehl, setzt ihn an den warmen Ofen, und läßt ihn so lange gehen, bis er zum Bäcker getragen wird; sollte er zu rasch gehen, so setzt man ihn von dem Ofen etwas weg. Von dieser hier angegebenen Masse bekommt man drei schöne Stollen. Ehe sie gebacken werden, bestreicht man sie leicht mit Wasser und bestreut sie mit gröblich gehackten Mandeln. Sobald dieselben nun aus dem Ofen kommen, werden sie gut mit zerlassener Butter bestrichen, mit Zucker und Zimt bestreut und nach Belieben mit Rosenwasser besprengt; durch letzteres bleibt die Rinde gelinder. (Statt aller Gewürze inclus. der bittern Mandel kann man auch 1 Gr. Stollengewürz pr. Pfd. Mehl nehmen.)«

Mehr noch als Weihnachten und Neujahr war für die armen Wäldler vor nicht einmal allzu langer Zeit der Schlachttag das eigentliche Fest zum Jahreswechsel.

Frauen mit Weihnachtsstollen vor dem Backhaus im tiefverschneiten Thüringer Wald.

Manche legten ihn ins alte, andere erst ins neue Jahr, und immer war das halbe Dorf dabei. In den Glasbläserorten fertigte man an Perlengehänge erinnernde riesige Wurstketten mit winzigen Würsten – die dann verteilt wurden. Derlei Freizügigkeit sollte das Wachstum des neuen Schweines beflügeln. Zu dieser ungewöhnlichen Abspeisung und dem Humor der Leute paßte auch das sogenannte »Wurstmaß, nach dem ahnungslose Gehilfen geschickt wurden, die – unter dem Gelächter der anderen – mit einer großen Asthippe zurückkamen.

Von den typischen, mit einer Vorbedeutung für das neue Jahr verbundenen Gerichten werden vor allem Linsen und Fisch noch heute gegessen. Allerdings macht man keinen Unterschied mehr zwischen Weihnachten und Silvester. Rogener Fisch gehörte früher ersterem Fest allein (in den Klöstern aß man ihn zuerst zu Weihnachten), während die Linsen dem letzten Tag des Jahres vorbehalten waren. Da der Verzehr beider Speisen viel Geld verheißen soll, behaupten böse Zungen, daß sich nur deshalb dieser Brauch so lange erhalten habe.

Wie dem auch sei – Linsen und Fisch sind auch in Thüringen untrennbar mit Weihnachten und Silvester verbunden. Einst der Hering, heutzutage der Karpfen. Während man jetzt eher einen guten Braten bevorzugt, waren es früher der Hering und – der Kloß. In Südwestthüringen aß man zu Silvester sogar beides zusammen. Im Hexengrund bei Rudolstadt wurde zu Neujahr ein Hering an die Kirchentür genagelt. Die Bewohner galten als so genügsam, daß dieser Fisch angeblich das ganze Jahr reichte, um das Vesperbrot an ihm zu streichen. Jedenfalls behaupteten das die aus den umliegenden Dörfern.

Zurück zum Kloß. Diese vielgerühmte thüringische Speise gibt es in allen möglichen Varianten. Jede Hausfrau hat ihre eigene Methode, Familie und Gäste zu überzeugen. Der Meininger Barde Rudolf Baumbach, der den Deutschen das Lied »Hoch auf dem gelben Wagen« geschenkt hat, machte sich seinen Reim auf das Verschwinden der Weinstöcke im Werratal und den Einzug der Kartoffel. Behauptete in seinem »Lied vom Hütes« (=mundartlich für Kartoffelkloß), daß die Frau Holle, zur Weihnachtszeit unterwegs, in Meiningen den Werrawein probiert und – daran fast zugrunde gegangen wäre. Weshalb sie heftigen Frost geschickt und die Reben vernichtet, dafür aber den Leuten die Kartoffel und die Rezeptur der Klöße geschenkt habe. Wer seine Klöße zu Weihnachten oder Neujahr auf echt thüringische Art bereiten will, dem sei das älteste hiesige, vor hundertachtzig Jahren zu Papier gebrachte Rezept empfohlen:

»Eine Art (von Klößen, E.-O.L.) wird von gesottenen, dann geschälten und geriebenen Erdäpfeln gemacht, in welche man geröstete Semmelbröckchen knetet ... Die zweite Art besteht darin, daß man ... die geschälten rohen Erdäpfel auf einem Reibeisen klein reibt; dann die Maße in einem Sack thut und mehr malen frisch Waßer darauf schüttet, das man in einen Kübel ablaufen läßt, und endlich die so durchgewäßerte Maße so sehr als möglich ausdrückt ... Diese trockene Maße wird nun mit einem dünnen Brei von Mehl oder Gries zu einer Glößmaße angemacht ...«

Zampe (Kartoffelpürree) und Polse (ursprünglich ein Brei aus Mehl und Wasser, später ein Pfannengebäck), die Lieblingsessen der Frau Holle, gehörten zu den von den thüringischen Hausfrauen zwischen Weihnachten und Hochneujahr bevorzugten Gerichten. In Kaltenlengsfeld blieben die jungen Leute die längste Nacht des Jahres über wach und taten sich an Zampe gütlich.

Im Vogtland wurde am Weihnachtsabend Neunerlei auf den Tisch gebracht. Derjenige, der sich zuletzt gesetzt hatte, mußte auch als erster wieder aufstehen. Säumigkeit hatte also schon damals ihren Preis.

Als traditionelles Silvesteressen der Rudolstädter Rathausgaststätte galten die sogenannten »Rumpelerbsen«. Nach der Erinnerung eines alten Rudolstädters handelte es sich dabei um *»weich in Salzwasser gekochte*

Erbsen ohne Schmelz, die der Rathswirt gratis in irdenen oder Zinnschüsseln auf die Tische brachte. Jeder Gast nahm sich einen oder zwei Löffel voll heraus und aß sie von einem auf den Tisch gelegten Papier, oder aus der hohlen Hand. Ich habe einmal mitgegessen, habe mich aber nicht besonders daran delektirt. Etwa um 1866 sind sie abgekommen. Die Erbsen mußten von einem Kirchhaseler Bauern, jetzt sagt man Oekonom, als Zins an die Stadt geliefert werden, von diesen bekam der Rathswirt einen Theil zur eben angegebenen Verwendung. Am Sylvesterabend war es da, wie Sommer sagt, gerambamste voll im Rathhause.
Auch die Kirchhaseler waren meistens da. Diese hatten ihren eigenen Tisch im Rathhause, es war die Tafel, die links vom Ofen steht. Die Kirchhaseler hatten nämlich viel Frohnen in Rudolstadt zu leisten. Sie mußten z.B. das Heu auf der großen Wiese machen, und wenn ich nicht irre das Floßholz auf den Scheitgarten bringen. Dafür bekamen sie Frohnesemmeln und Bierzeichen, die im Rathhause umzusetzen waren.«

Dieses sicher auch lustige öffentliche Mahl verdeutlicht noch einmal, wie wichtig es war, zu Weihnachten oder Neujahr das Richtige zu essen. Alles, was durch seine Beschaffenheit den Verzehr möglichst vieler kleiner Einzelstücke erlaubte, galt als geeignet, neben dem Magen auch das Portemonnaie zu füllen. Außer dem Fischrogen und den Linsen gehörte dazu auch der Reis. Da dieser in Mihla bei Eisenach mundartlich »Ries« heißt, versprach man sich von ihm »rieselnde« Münzen. Im Orlagau aßen die Bauern zu Neujahr Hirse, zum Hohen Neujahr aber Graupen. Sie glaubten, daß durch erstere Speise das kleine, durch letztere das große Geld nicht ausginge. Niemals aber hätten sie zur Weihnachten oder Neujahr Erbsen gekocht, da mit diesen auch die Geldstücke fortgerollt wären.

Aus der Meininger Gegend kommt folgender Ratschlag: Wer am Neujahrstag weißes Kraut und am Großneujahr gelbe Rüben (Möhren) ißt, hat das ganze Jahr über hinlänglich Silber und Gold.

Überhaupt waren der letzte Tag des alten Jahres beziehungsweise der erste des neuen von größter Wichtigkeit für die folgenden zwölf Monate. Wehe der thüringischen Hausfrau, die sich nicht daran hielt. In Lauscha zum Beispiel wußte man, daß diejenigen, die es bis zum Neujahrstag nicht geschafft haben, sich ausreichend zu bevorraten, es das ganze Jahr über nicht besser machen würden. – Was jeder, der vergeblich gegen eine bestimmte Gewohnheit ankämpft, ohne weiteres bestätigen kann. Auch, daß ein Wunder geschehen müßte, um die Armut abzustreifen wie eine Haut und über Silvester plötzlich reich zu werden ... Eine ähnliche Vorbedeutung galt auch in Steinbach-Hallenberg. Die Familie, der es gleich am ersten Tag des neuen Jahres an Brot mangelte, konnte einem leid tun! Verständlich, daß man sich, falls man hatte, »ins neue Jahr hineingegessen« hat (Goldlauter).

Wer sich wundert, daß früher zu Weihnachten oder Neujahr solch Geringes wie eine Muskatnuß oder ein Stück Ingwer geschenkt wurde (beides für die Zeit um 1700 in Junkers Schrift über die Grafschaft Henneberg dokumentiert), wird vielleicht anders denken, wenn er über die Wirkung dieser kleinen, an eben diesen besonderen Tagen ihre Kräfte multiplizierenden Gaben erfährt. Eine Muskatnuß, in der Silvesternacht stillschweigend erworben und das Jahr hindurch unausgesetzt in der Tasche getragen, soll selbst beim schwersten Sturz jegliche Knochenbrüche verhindern.
»In der Umgegend von Schmalkalden gilt als ein sicheres Mittel gegen Krankheitsanfälle das Essen einer Hagebutte in der

Neujahrsnacht. Deshalb suchen und pflücken viele Leute diese Frucht in der Nacht und reichen sie Freunden und Bekannten, Eltern besonders ihren Kindern, ohne ein Wort dabei zu reden, durch's Fenster, damit sie stillschweigend die Frucht essen und dadurch gegen jeden Unfall das Jahr hindurch sich sichern. Dieser Brauch und Glaube ist auch im Werrathal zu Hause« (Witzschel).

Auch ein ungewöhnlicher Liebeszauber soll in der Silvesternacht gelingen. Anzuraten ledigen Frauen und einsamen dazu. Diese haben den Tisch für zwei zu decken und bis zum zwölften Glockenschlag zu warten, worauf dann der zukünftige Mann erscheint und am Tisch Platz nimmt. Bleibt nur zu fragen, ob der wegen des Essens oder wegen der Frau kommt.

In Saalfeld gipfelte dazumal ein ähnliches Zauberstück fast in einer Katastrophe. Schuld trug eine Schösserin, die ihren Schreiber so lieb gewonnen hatte, daß *»sie ihn auch in der Christnacht zu sehen begehret; hatte also ein frisch Brod vorher backen lassen, und mitten in der Christnacht solches genommen, und zwey Messer creutzweise hineingestecket, nebenst noch etlichen Wörtern, so sie darbey gemurmelt. Drauff soll der Schreiber nackigt zur Stube hinein gsprungen seyn und sich bey ihr am Tische niedergesetzt, auch sie scharff angesehen haben. Drauff Sie auffgestanden und davon gesprungen. Er aber hatte die beyden Messer außm Brode herauß gezogen, und solche hinter sie hergeworffen, daß sie davon sehr möchte verletzet geworden seyn. Drüber die Muhme (so auch in der Stube bey solchem Teufflischen Vornehmen gewesen) erschrocken, daß sie etliche Wochen kranck darnieder gelegen. Der Schreiber aber soll den andern Tag drauff zu den Haußleuten gesaget haben; Er möchte es gerne wissen, was für eine Frau ihn in verwichener Nacht so geängstet hette. Er wehre so abgemattet, daß er es nicht sagen könte. Er hette sollen mit fortkommen, und hette sich nicht genugsam können erwehren: Er hette auch mögen bethen, was er gewolt, so wehre er getrieben worden.«*

Mit dem täglichen Brot hat auch eine andere Geschichte zu tun, die man sich oben auf dem Kamm des Schiefergebirges erzählt. In ihr geht von einer mitleidigen Magd die Rede, welche es nicht verwinden konnte, daß eine der schrecklichen Gestalten, die im Wilden Heer vorüberzogen, von einem noch schrecklicheren Höllenhund bedroht wurde. Alsda warf sie kurzentschlossen ihre Mistgabel nach dem Untier und vertrieb es. Sieben Jahre später lieferte das von seinem Peiniger befreite Gespenst den Beweis, daß es auch in diesen Horrorkreisen so etwas wie Dankbarkeit gibt. Als das Wilde Heer wieder erschien und da die gerade Brot backende Magd versehentlich drei aufeinanderstoßende Türen offengelassen hatte, fuhr die schreckliche Gesellschaft hindurch und mit ihm jene Gestalt, welche die Magd dazumal vor dem Hund gerettet hatte. Sie nickte der Erschrockenen freundlich zu und tauchte ihren Finger in das zum Backen gesäuerte Wasser: Fortan wurde das Brot nie alle.

Wer auf originelle Silvestergerichte Wert legt und gleichzeitig noch etwas vom alten Brauchtum erleben will, dem sei der altrenomierte Gasthof Klug in Steinach empfohlen. Die Linsensuppe wird dort ebenso nach überlieferter Rezeptur zubereitet wie der Fuhrmannsbraten – mit Fleisch, gebackenen Klößen und Porreegemüse. Und während man sich drinnen an den Speisen gütlich tut, gibt es draußen ein Ständchen. Es handelt sich um das sogenannte Umblasen, bei dem Musikanten durch die Straßen ziehen, den Leuten Glück und Gesundheit fürs kommende Jahr wünschen und dafür ein Scherflein erbitten. Am Neujahrstag schließlich wird in der Klugschen Gaststube »gedengelt«.

»O Tannenbaum, o Tannenbaum . . .«

Ich erinnere mich genau des Christbaumkaufes in meiner Kindheit. Auf dem Marktplatz herrschte Gedränge. Jeder wollte den besten Baum für sich haben, und nicht alle waren gut gewachsen. Lange Zeit kam nur eine Fichte für uns in Frage. Tannen, richtige Tannen gab es fast keine mehr und gehandelt wurden sie schon gar nicht. Viele holten sich ihren Weihnachtsbaum direkt aus dem Wald. Zu deren Ehre muß gesagt werden, daß sie sich meistens einen zuweisen ließen – auch wenn sie dann nicht immer diesen, sondern einen anderen, viel schöneren heimbrachten. Einige allerdings fragten gar nicht. Sägten den Baum einfach ab und ließen ihn, der Vorsicht wegen, liegen. Erst wenn rings um den Tatort keinerlei Spuren Gefahr signalisierten, wurde das Objekt der Begierde nach Hause getragen.

So heimlich man die illegale Phase dieser Aktion abgewickelt hatte, so prahlerisch wurde jetzt die Fichte zur Schau gestellt. Gestohlene Bäume waren immer die schönsten. Genau das wollten die Diebe auch bestätigt wissen.

Die Rede ging bislang von schönen, tadellosen Weihnachtsbäumen. Leider waren die anderen, fehlerhaften in der Mehrzahl, und obwohl wir immer ziemlich früh zum Marktplatz gingen, brachten wir nicht selten ein Exemplar nach Hause, das noch der Korrektur bedurfte. Zu diesem Zweck bohrte mein Opa Löcher in jene Stellen des Stammes, wo die Natur versäumt hatte, Zweige wachsen zu lassen und steckte selber welche hinein. So wurde die krakeligste, kümmerlichste Fichte noch zum Prachtstück. Dabei ist der Christbaum auch in Thüringen noch gar nicht so lange im Schwange und jener Stich mit Luther nebst Familie unterm Weihnachtsbaum ein Anachronismus. Noch in unserem Jahrhundert hingen -vornehmlich bei ärmeren Familien – Pyramiden an der Decke. Die stabilisierenden Holzstäbchen waren mit Moos und buntem Papier sowie Kerzen bestückt. Letztere wurden auf dem Wald nicht am Weihnachtsabend – sondern erst

Der Tannenbaum als Topfpflanze war - wie diese Illustration aus einer thüringischen Fibel (1928) zeigt – schon früher gebräuchlich.

am Morgen danach angezündet. Später kamen auch gläserne Kugeln hinzu.

Unter anderem in Erfurt lud man zur Besichtigung von Krippen mit beweglichen Figuren ein. Bereits im 13. Jahrhundert hatte die große Mystikerin Gertrud von Helfta (aus dem gleichnamigen Kloster bei Eisleben) die Einführung dieser Krippen gefördert.

Weit verbreitet war der Brauch, Weichsel- und Ebereschenzweige in die Wohnung zu holen und zum Ausschlagen beziehungsweise zur Blüte zu bringen. »*Abgehauene äste werden zur weihnachtszeit in töpfe mit waßer gestelt und so getriben; solche bäume dienen dann auch als christbäume*«, berichtet August Schleicher aus dem Meininger Oberland.

Im Thüringer Becken wickelte man am Heiligen Abend den Spinnrocken und stellte ihn in jenes Fenster, welches auf das Flachsland gerichtet war.

Seit jenem ersten Tannenbaum 1603 im elsässischen Straßburg vergingen rund einhundertfünfzig Jahre, bis dieser auch in Deutschland auftauchte und größten Widerstand überwinden mußte. 1710 verbot der Weimarer Herzog seinen Holzhauern, zu Weihnachten Bäume aus dem Wald zu holen. Da diese und etliche nachfolgende Verdikte wenig Wirkung zeitigten, wurden schließlich für die »Ausschneidung dergleichen Gipfel zu denen auf Weihnachten gewöhnlichen sogenannten Christbäumen« 5 Taler Strafe oder 14 Tage Haft angedroht. So geschehen in der »Weimarischen Forst- und Jagdordnung« von 1775.

Das gleiche Jahr sah auch Goethe in Weimar, der in seinem empfindsamen Briefroman »Die Leiden des jungen Werther« den Christbaum in die schöne Literatur eingeführt hatte. Am »*Sonntag vor Weihnachten kam er (Werther, E.-O. L.) Abends zu Lotten, und fand sie allein. Sie beschäftigte sich, einige Spielwerke in Ordnung zu bringen, die sie ihren kleinen Geschwistern zum Christgeschenke zurecht gemacht hatte. Er redete von dem Vergnügen, das die Kleinen haben würden, und von den Zeiten, da Einen die unerwartete Oeffnung der Thür und die Erscheinung eines aufgeputzten Baumes mit Wachslichtern, Zuckerwerk und Aepfeln in paradiesische Entzückung setzte*«.

Das Drama war vorgezeichnet. An jenem Sonntag vor dem Christfest bedeutete Lotte dem immer noch hoffenden Werther, daß sie »Eigentum eines Anderen« sei. Einen Tag darauf schrieb der Abgewiesene einen Brief an sie: »*Es ist beschlossen, Lotte, ich will sterben ...*«

Eine ganz andere Stimmung atmet Goethes Gedicht von 1822:

Weihnachtsabend

Bäume leuchtend, Bäume blendend,
liebevoll das Süße spendend,
In dem Glanze sich bewegend,
Alt und junges Herz erregend.
Solch ein Fest ist uns bescheret,
Mancher Gaben Schmuck verehret,
Staunend schaun wir auf und nieder,
Hin und her und immer wieder.

Aber, Fürst, wenn Dir's begegnet
Und ein Abend Dich so segnet,
Daß als Lichter, daß als Flammen
Vor Dir glänzten allzusammen
Alles, was Du ausgerichtet,
Alle, die Du Dir verpflichtet:
Mit erhöhten Geistesblicken
Fühltest herrliches Entzücken.

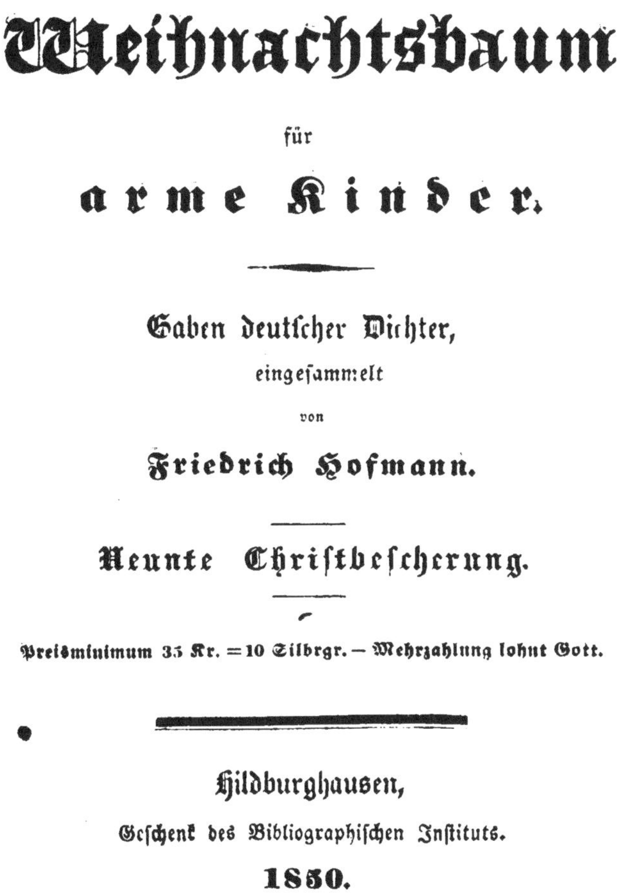
Weihnachtsbaum

für

arme Kinder.

Gaben deutscher Dichter,

eingesammelt

von

Friedrich Hofmann.

Neunte Christbescherung.

Preisminimum 35 Kr. = 10 Silbrgr. – Mehrzahlung lohnt Gott.

Hildburghausen,

Geschenk des Bibliographischen Instituts.

1850.

Die Zeile »In dem Glanze sich bewegend« scheint darauf hinzudeuten, daß der Baum an der Decke befestigt war und sich im Luftzug bewegte.

Als Dank der Bevölkerung für die vom Herzog initiierte Grundsteinlegung der Weimarer Bürgerschule am 17. November 1822 hatte Goethe ein Bändchen mit 32 Gedichten zusammengestellt, das mit seinem eigenen beginnt und am Weihnachtsabend dem Großherzog überreicht wurde.

Zwanzig Jahre später startete in Hildburghausen ein großes philantropisches Unternehmen. Der Verleger Carl Joseph Meyer (und später sein Sohn) stellten über ein Vierteljahrhundert hinweg einen »Weihnachtsbaum für arme Kinder, Gaben deutscher Dichter« unentgeltlich den Kommunen zur Verfügung. Diese finanzierten aus dem Verkaufserlös Geschenke. Als 1866 der letzte »Jubelweihnachtsbaum« erschien, hatten insgesamt 80 000 Kinder eine Christbescherung – mit Geld, Kleidungsstücken, Schreibmaterialien, Lebkuchen, etc. – erhalten. Auch zeitigte dieses Engagement Nachfolger. So gab es zum Beispiel in Saalfeld über lange Jahre hinweg ein »Weihnachtsbüchlein«, dessen Ertrag »zu einem Weihnachtslichtlein für arme Schulkinder« bestimmt war.

Bleiben wir im klassischen Weimar. August von Kotzebue, erfolgreichster Bühnenschriftsteller seiner Zeit und 1819 von dem Burschenschaftler Karl Sand ermordet, erzählt, wie sein Oheim, der Märchendichter Musäus, das Weihnachtsfest beging:
»Da saß er so emsig und vergoldete Rosinen, Äpfel und Nüsse, schnitt Wachsstücke zu, putzte Zuckerbäume aus, setzte einen Engel mit einer Fahne von Flittergold oben darauf, und wenn alles fertig war, so zündete er die Lichter selbst an«. Auch Schiller freute sich auf den Christbaum: *»Ihr werdet hoffentlich einen grünen Baum im Zimmer aufrichten«*, schrieb er 1789 seiner späteren Frau Charlotte von Lengefeld. Zu Schnepfenthal, in der berühmten Salzmannschen Erziehungsanstalt, schmückte man Weihnachten die Tafel oder die Zimmer mit Tannenreisig. Nur zweimal, so die Aufzeichnungen, gab es Ausnahmen. 1790 erhielt jeder Zögling »ein mit Früchten behangenes Fichtenbäumchen«, und für 1804 geht die Rede von ein paar Weihnachtsbäumen mit vergoldeten Nüssen, Äpfeln, Süßwaren und wachsenen Lichtern.

Dem von Jahr zu Jahr zunehmenden Bedarf an Christbäumen setzten die thüringischen Forstleute heftigen Widerstand entgegen. Das letzte Wort auch in dieser Sache hatte der Großherzog Carl August, der durch die Weimaranische Generalpolizeidirektion am 9. Dezember 1800 verfügen ließ, daß das Abschneiden und Verkaufen von Tannen- und Fichtenbäumen verboten sei und mit 2 Gulden Strafe geahndet werden. »*Um jedoch das hiesige Publikum bei der bevorstehenden Weihnachtszeit mit dieser ihm so angenehmen Waare zu versehen*«, sollten die Forstleute an geeigneten »unschädlichen« Stellen junge Bäume schlagen, die dann von Marktfrauen feilgeboten wurden. Dieses Privileg galt freilich nur für die Residenzstadt, während im übrigen Land fleißig nach Baumdieben, Verkäufern und Käufern (!) gefahndet wurde. Letztere hatten, im Falle ihrer Entdeckung, 3 Taler Strafe zu zahlen. Außerdem wurde der Baum konfisziert.

Solche Verbote konnten sich nicht ewig halten. Gegen Ende des 19. Jahrhunderts war das Altenburger Holzland im Osten Thüringens zum Zentrum eines weitverzweigten Handels mit Christbäumen geworden. Die Fichten kamen größtenteils aus dem Vogtland sowie aus dem Franken- und Thüringer Wald und gingen nach Leipzig, Magdeburg oder Berlin.

Einen festlich geschmückten Weihnachtsbaum führten auch die Saaleflößer bei ihrer ersten Fahrt nach Weihnachten mit. Man legte bei Wirten, Sägewerksbesitzern oder anderen Betuchten an, trug das Bäumchen an Land, klopfte an die Häuser, sagte ein Sprüchlein her und wurde mit Schnaps oder Geld belohnt.

Ein wundersames, mildes Leuchten gleitet
Jetzt auf des Flusses Mitte mit den Wellen.
Ob Mondesstrahlen auf der Fluth sich wiegen?
Ob Sternenfunkeln sich im Wasser spiegelt?
O nein, dort schwimmt ein Floß von starken Stämmen;
Ein Bäumchen steht darauf im Weihnachtsputze,
Behängt mit Naschwerk und Papierlaternen . . .

dichtete Anna Liebhold im sentimentalen Geist unseres beginnenden Jahrhunderts.

1856 kam Theodor Storm für acht Jahre ins thüringische Eichsfeld, wo er als Kreisrichter Recht sprach und als Dichter einige der schönsten deutschen Novellen und Märchen zu Papier brachte. Gleich zum ersten Weihnachtsfest ging nachfolgender Brief an seine Eltern:
»Es wird Weihnachten! Mein ganzes Haus riecht schon nach braunem Kuchen – versteht sich nach Mutters Recept – und ich sitze sozusagen schon seit einer Woche im Scheine des Tannenbaums. Ja, wie ich den Nagel meines Daumens besehe, so ist auch der schon halbwegs vergoldet. Denn ich arbeite jetzt abends nur in Schaumgold, Knittergold und bunten Bonbonpaieren; und während ich Netze schneide und Tannen- und Fichtenäpfel vergolde, und die Frauen, das heißt meine Frau und Röschen, Lisbeths Puppe ausputzen, liest Onkel Otto uns die »Klausenburg« von Tiek vor oder gibt hin und wieder eine Probe aus den Bilderbüchern, die Hans und Ernst auf den Teller gelegt werden sollen. Gestern abend habe ich sogar Mandeln und Citronat für die Weihnachtskuchen schneiden helfen, auch Kardamom dazu gestoßen und Hirschhornsalz. Den Vormittag war ich stundenlang auf den Bergen in den Wäldern herumgeklettert, um die Tannenäpfel zu suchen. Ja, Ihr hättet mich sogar in meinem dicken Winter-Sürtout hoch oben in einer Tannenspitze sehen können. Freilich hatte ich mich vorher gehörig umgesehen; denn der Herr Kreisrichter durfte sich doch nicht auf ganz offenbarem Waldfrevel ertappen lassen.«

Theodor Fontane wiederum reimte über Storm und seine thüringische Wahlheimat:

O Heiligenstadt, du feine Stadt,
die Dichter in ihren Mauern hat,
nicht bändereiche, nicht enorme,
doch Storm und seine kleinen Storme,
die, wenn sie kommt, die Weihnachtszeit,
gelesen werden weit und breit,
beim Ofen- und bei Flackerfeuer
die »Immensee«, die »Hinzelmeier«.
O Heiligenstadt beschütz den Mann,
daß er noch recht viel dichten kann.

Einen besonders weiten Bogen zur thüringischen Weihnacht schlug Klaus Mann in seiner Autobiographie »Der Wendepunkt«:
»Ich erinnere mich«, schreibt er, *»des Weihnachtsabends (Weihnachten 1938! das Christfest des Wartejahrs!), an dem der Vater uns Teile aus dem siebenten Kapitel der »Lotte in Weimar« las. Welch sonderbarer Klang erfüllte da unseren etwas gar zu großen, gar zu pompösen »livingroom« in Princeton, New Jersey! Welch geisterhafte Wort-Musik! Welch magisches Geraune! Goethe sprach. Goethe träumte, sinnierte, meditierte... seltsame Konfession unterm Lichterbaum! Wir naschten amerikanisches Gebäck, eine heimatlose Familie in fremdem Land, das Heimat werden sollte. Und der Genius der verlorenen Heimat, der deutsche Mythos sprach ...«*

Der Weihnachtsbaum für alle vor dem Rathaus in Hildburghausen.

Das »Bornkinnel«, der »Knecht Rupert« und andere Gabenbringer

Vor dem Weihnachtsmann bescherte in Thüringen unter anderem der »Heilige Christ«. Noch in diesem Jahrhundert legten die Kinder von Kleinbrüchter bei Sondershausen für dessen Zugtiere – Reh- oder Ziegenböcke beziehungsweise Schafe – ein Bündel Heu vor die Tür. In fränkischen Ortschaften Südthüringens erschien (zunächst in Begleitung des Ruprechts und meistens am Nikolaustag, später dann alleine und zu Weihnachten) das »Christkindchen«: *»Ein Mädchen in weißer, mit rothen Bandstreifen ausgeputzter Kleidung, mit einem rothen Gürtel um den Leib, einer weißen Haube auf dem Haupte und einem gleichen Schleier vor dem Gesichte«* (Witschel).

Dessen vogtländisches Gegenstück ist das »Bornkinnel« (von »neugeborenes Kind«), welches jedoch nicht – wie in Westthüringen – die Arbeit alleine verrichten muß, sondern durch den »Rupperich« unterstützt wird. Nach wie vor umstritten ist, ob diese Gestalt auf den »Ruamprecht«, also auf den »ruhmstrahlenden« Gottvater Wotan zurückgeht. Immerhin ist es nicht neu, daß einer plötzlich vom Herrn zum Knecht wird – oder auch umgekehrt. Mehr zur Person und Biographie des »Rup(p)ert« liefert F. Barthel in seinem Buch »Wie iech miech af Weihnachten fraa«. Für ihn ist es kein Zufall, *»wenn in dem bislang ältesten Zeugnis vogtländischer Weihnachten, in der im Jahre 1670 erschienenen «Kurtzen Christ-Comödie» des Poeten M. David Trommer aus Plauen im Vogtlande, der Rupert neben dem Heiligen Christ die Hauptrolle spielt, in seiner derben, urwüchsigen Art die Kinder examiniert und sich dabei der vogtländischen Mundart bedient. Als Nachfahr des bösen Rupert, der sich selbst als Kinderfresser bezeichnete, geisterte noch um die Jahrhundertwende der ,Kettenrupperich' oder der ,Biese von der Winselburg' in den vogtländischen Wäldern. Arme und Beine mit*

Der Weihnachtsmann stapft durch den winterlichen Bergwald.

rasselnden Ketten – oft auch nur mit Strohseilen – umwickelt, das Gesicht schwarz mit Ruß beschmiert, die Rute in der Hand, so polterte er in die vogtländischen Weihnachtsstuben, examinierte wie eh und je die Kinder, die ihre mehr oder minder derben Rupperich-Verschle aufsagten«.

Knecht Ruprecht

Von drauß', vom Walde komm ich her;
Ich muß euch sagen, es weihnachtet sehr.
Allüberall auf den Tannenspitzen
sah ich goldene Lichtlein blitzen.
Und droben aus dem Himmelstor
sah mit großen Augen das Christkind hervor.
Und wie ich so strolcht' durch den finstern Tann,
da rief's mich mit heller Stimme an:
»Knecht Ruprecht«, rief es, »alter Gesell,
hebe die Beine und spute dich schnell!
Die Kerzen fangen zu brennen an,
das Himmelstor ist aufgetan,
Alte und Junge sollen nun
von der Jagd des Lebens einmal ruhn:
und morgen flieg' ich hinab zur Erden,
denn es soll wieder Weihnachten werden!«
Ich sprach: »O lieber Herre Christ,
meine Reise bald zu Ende ist.
Ich soll nur noch in diese Stadt,
Wo's eitel gute Kinder hat.«
»Hast denn das Säcklein auch bei dir?«
Ich sprach: »Das Säcklein, das ist hier;
denn Äpfel, Nuß und Mandelkern
essen fromme Kinder gern.«
»Hast denn die Rute auch bei dir?«
Ich sprach: »Die Rute, die ist hier;
doch für die Kinder nur, die schlechten,
die trifft sie auf den Teil, den rechten.«
Christkindlein sprach: »So ist es recht,
so geh mit Gott, mein treuer Knecht.«
Von drauß', vom Walde komm ich her;
ich muß euch sagen, es weihnachtet sehr.
Nun sprecht, wie ich's hierinnen find!
Sind's gute Kind, sind's böse Kind?

Theodor Storm

Im südlichen und westlichen Teil Thüringens brachten am Heiligabend die Paten ihren Patenkindern das »Christkinnele«. In Ifta kamen sie *»mit einem großen Umschlagtuch, in das sie die Geschenke gewickelt haben. Diese*

sind oft wertvoll: Kleider, Anzüge, Spielsachen. Jedes Kind packt sein Tuch selbst aus. Schließlich essen alle gemeinsam Abendbrot und feiern noch eine Weile. Hat ein Pate mehrere Patenkinder, muß er an mehreren Tagen hintereinander feiern; die Mütter vereinbaren gewöhnlich untereinander den Besuchstag, damit es keine Überschneidungen gibt. In Nordthüringen erfolgt noch nach alter Sitte die Bescherung am frühen Morgen des 1. Feiertages« (Wähler). In Ruhla gingen die Kinder selber zu ihren Paten beziehungsweise Verwandten, legten dort Tücher oder Lappen aus und holten dann am ersten Weihnachtsfeiertag die darauf präsentierten Geschenke. Dieser Brauch erinnert an die spätere Sitte, zum Nikolaustag die Schuhe bereitzustellen.

Sonneberger Inflationsgeld.

Friedrich Nietzsche, in Röcken geboren, kam nach dem frühen Tod des Vaters nach Naumburg und begann am 26. Dezember 1856, zwölfjährig, ein Tagebuch zu führen: *»Wir leben jetzt inmitten von Weihnachtsfreuden. Wir warteten auf sie, sahen sie erfüllt, genossen jene, und jetzt drohen sie uns nun schon wieder zu verlassen. Denn es ist schon der zweite Feiertag. Jedoch ein beglückendes Gefühl strahlt hell fast von dem eigenen Weihnachtsabend, bis der andre schon mit mächtigen Schritten seiner Bestimmung entgegeneilt. Doch ich will mit dem Anfange meiner Ferien auch den Anfang der Weihnachtsfreuden schildern. Wir gingen aus der Schule; die ganze Zeit der Ferien lag vor uns und mit diesen das schönste aller Feste. Schon seit einiger Zeit war uns der Zutritt an einige Orte nicht gestattet. Ein Nebelflor hüllte alles geheimnisvoll ein, damit dann desto mächtiger die Freudenstrahlen der Christfestsonne hindurchbrächen. Weihnachtsgänge wurden besorgt; das Gespräch wurde fast allein auf dieses geleitet; ich zitterte fast vor Freude, wenn das Herz jubelnd daran gedachte, und ich eilte fort, um meinen Freund Gustav Krug zu besuchen. Wir machten unsern Empfindungen Raum, indem wir bedachten, was der morgende Tag für schöne Geschenke mit sich bringen werde. So verging der Tag in Erwartung der Dinge. Der Tag erschien!*
Schon leuchtete das Tageslicht in mein Schlafgemach, als ich erwachte. Was alles durchströmte meine Brust! Es war ja der Tag, an dessen Ende einst zu Bethlehem der Welt das größte Heil widerfuhr; es ist ja der Tag, an welchem meine Mama mich jährlich mit reichen Gaben überschüttet. Der Tag verfloß mit

Schneckenlangsamkeit; Pakete mußten von der Post geholt werden, geheimnisvoll wurden wir aus der Stube in den Garten vertrieben. Was mag während dieser Zeit dort vorgegangen sein? Dann ging ich in die Klavierstunden, in welche ich wöchentlich am Mittwoch einmal gehe. Ich hatte erst eine Sonata facile von Beethoven gespielt und mußte jetzt Variationen spielen. Nun fing es schon an zu dämmern. Die Mama sagte zu mir und meiner Schwester Elisabeth: Die Vorbereitungen sind fast zu Ende. Wie freuten wir uns da. Nun kam die Tante; wir begrüßten sie mit einem Gejauchze oder vielmehr Gebrüll, daß das Haus davon bebte. Das Mädchen meiner Tante folgte ihr und war noch zu Vorbereitungen dienlich. Zuletzt vor der Bescherung kamen die Frau Pastor Haarseim mit ihrem Sohn. Da, wer beschreibt unsern Jubel, öffnet die Mama die Tür! Hell strahlt uns der Christbaum entgegen und unter ihm die Fülle der Gaben! Ich sprang nicht, nein, ich stürzte hinein und gelangte merkwürdigerweise grade an meinen Platz. Da erblickte ich ein sehr schönes Buch (obgleich zwei dalagen, denn ich sollte mir auswählen), nämlich die Sagenwelt der Alten mit vielen prächtigen Bildern ausgestattet. Auch einen Schlittschuh fand ich, aber nur einen? Wie würde ich ausgelacht werden, wenn ich versuchen wollte, einen Schlittschuh an zwei Beine zu schnallen. Das wäre doch merkwürdig. Doch sieh einmal, was liegt denn da noch daneben so ganz ungesehen? Bin ich denn so klein, so gering, daß du mich kaum ansiehst? sprach da plötzlich ein dicker Folioband, welcher zwölf vierhändige Sinfonien von Haydn enthielt. Ein freudiger Schrecken durchzuckte mich wie der Blitz die Wolken, also wirklich, der ungeheure Wunsch war erfüllt; der größte! Nebenan erblickte ich auch den zweiten Schlittschuh, und wie ich mir diesen näher besehe, da sah ich plötzlich noch ein paar Hosen. Nun betrachtete ich meinen Weihnachtstisch im ganzen und fragte nach denen, welche es mir geschenkt hatten. Doch wer mag der sein, welcher mir die vielen Noten geschenkt hat? Ich erhielt aber keine andre Auskunft als daß es ein Unbekannter sei, welcher mich bloß dem Namen nach kenne. Dann wurde Tee und Stolle getrunken und gegessen, und nachdem uns die Gäste verlassen hatten und uns Müdigkeit ankam, legten wir uns zur Ruhe.«

Alt-Weimars Christmette

Felix Pischel

Von den Kanzeln beider Stadtkirchen Weimars, St. Peter-Paul und St. Jakob, wurde am 4. Adventssonntag 1715 den Gläubigen vermeldet, daß aus Christ-fürstlicher Meinung zur Vermehrung der bevorstehenden Gottseligen Weihnachtsfeiern der teure Landesvater, Herzog Wilhelm Ernst, auf den ersten heiligen Christ-Feiertag eine sogenannte Mettenpredigt in beiden Kirchen angeordnet habe: »Dahero Eure Christliche Liebe hierdurch treulich erinnert wird, sich zu dieser Mettenpredigt häufig und andächtig einzufinden und damit den gesegneten Anfang zu heiliger Begehung dieses hohen Festes gebührend zu machen.« Früh um 3/4 auf 5 Uhr wurde mit allen Glocken geläutet »bis der Saiger 5 schlagen wollte, da dann vom Schloßturm mit der brennenden Laterne ein Zeichen, ebenso vom Stadtturm nach dem Jakobsturm eines gegeben wurde«. Darauf den »Gottesdienst in heiliger Andacht mit Singen, Predigen und Gott loben anzufangen«, ward gesungen: Vom Himmel hoch, da komm ich her; dann erklärte Stiftsprediger Baier das Festevangelium, es folgte der Choral »Lobt Gott, ihr Christen allzugleich« und nach dem Segen das Lied »In dulci jubilo«. Unter diesem Gottesdienst wurde die Kirche mit etwa 60 bis 70 Lichtern aus fürstlicher Silberkammer illuminiert. Das Geläute ist den großen Läutern aus der Ratskämmerei mit 1/2 Gulden gezahlt worden.

Auch draußen im Lande kannte man die Mette. »Apolda und Niederroßla prangen mit dieser Feierlichkeit eines öffentlichen Gottesdienstes in der Heiligen Christnacht,« berichtet Pastor Johann August Bertram zu Oberroßla am 27. November 1769 dem Konsistorium. Seine Gemeinde »ist dieser schönen Gelegenheit bei öffentlicher Versammlung, in dieser Nacht den Herrn zu loben und zu danken, bis hierher beraubt gewesen, so sehr es seine christlichen Einwohner wünschen«. Zwar begäben sich manche Leute aus seiner Gemeinde nach auswärtigen Orten, wo solche Feiern stattfänden, und hier und da könne solche Gelegenheit mißbraucht werden. Doch er will annehmen, die meisten seiner »lieben Beichtkinder« pilgerten »aus einem heiligen Triebe dem Herrn zu dienen« hinaus. Und da er wünscht, daß »diese heilige Zeit« von seiner Gemeinde »in aller gottgefälligen Stille und rechtschaffenem Wesen begangen werden möchte«, so bittet er um die Erlaubnis, am heiligen Christabend oder in der Christnacht öffentlichen Gottesdienst zu halten.

In Weimar aber war es kurz vorher anders beschlossen worden. August Ludolph Wahl, Superintendent zu Allstedt, minder auf Menschen trauend als Bertram, hatte neun Tage zuvor vorgebracht: Seit etwa 8 Jahren ist, da man auf ein Bethaus angewiesen war und wegen der »unmäßig vielen Lichter, die man hineinbringt«, in Allstedt die Christmette unterblieben. Soll sie jetzt, da man die neue Kirche benutzt, wieder eingeführt werden? »Die Vernünftigsten von der Gemeinde wünschen« ihre gänzliche Einstellung – noch immer wegen Feuersgefahr. Auch Wahl selbst kann sich mit der Sache nicht befreunden. Es ist zwar in der ganzen Inspektion Herkommen, eine Mette am Christtagmorgen zu halten. »Es ist aber auch immer beklagt worden, daß hiesiger Orten dabei die größten Unordnungen und Ausschweifungen, mehr zur Schändung als Heiligung dieses Tages, vorgehen. Und um des greulichen Unfugs willen, der auf den Dörfern bei dieser Gelegenheit vorgeht, wünschte ich auch, daß sie daselbst abgeändert werden möchte.«

Das Konsistorium bestätigte, »daß die gute Absicht der Christmetten bei den meisten nicht erreicht« werde. Darauf beschloß die Regentin Anna Amalia am 15. Dezember, die Christmette künftig in allen Sachsen-weimarischen Landen gänzlich abzustellen. Das betraf damals die Superintendenturen Weimar, Apolda, Jena, Bürgel, Dornburg, Ilmenau, Buttstädt, Allstedt.

Die Landeshauptstadt nahm die Aufhebung nicht stillschweigend hin. Die gesamte Bürgerschaft richtete am 7. Dezember 1771 eine devote Eingabe an die Durchlauchtigste Landesmutter. Um der erhebenden Wirkung dieser kirchlichen Feier, insbesondere um der Kinder willen, bat sie, ihr die Christmette wieder zu gestatten. Sollten Unordnungen auf dem Lande ihre Aufhebung veranlaßt haben, so möge das nicht Weimar entgelten. Doch das Konsistorium meinte dazu: Die Verlegung der Mette auf die frühe Stunde gebe nur Anlaß zu nächtlichen Schmausereien und daher entstehenden Unordnungen. Wer sich »erbauen und zur Feier des heiligen Weihnachtsfestes zubereiten« wolle, könne das in der Frühpredigt um 1/2 7 Uhr gerade so gut wie in der abgeschafften 5-Uhr-Mette. Und am 20. Dezember erklärte Anna Amalia, daß sie von ihrer einmal gefaßten Entschließung wieder abzugehen »nicht gemeinet« sei.

Auch der Regierungsantritt Carl Augusts änderte hieran nichts. Am 20. November 1775 wandte sich an ihn der Diakonus Gottlieb Rost zu Apolda: Die Abstellung der Christmette habe zu Mißverständnissen geführt, von ihrer Wiedereinführung verspreche er sich gerade für seine lieben Apoldaer eine gute Wirkung. Das Konsistorium aber blieb fest bei seiner Ablehnung.

Wenige Wochen, nachdem Herder in Weimar eingezogen ist, führen, am 18. November 1776, die Viertelsmeister der Stadt in bewegten Worten voller Empfindung dem Herzog vor, was seit der Abstellung ihnen verloren gehe, die doch seit den Urgroßvätern her an diese Herz und Gemüt ergreifende Feier – nach Glockenklang in tiefer Nacht durch die ganze Stadt hin – gewohnt gewesen. Früherem Einwand halten sie entgegen: Zum Hauptgottesdienst sich zu schicken, werde dem Teilnehmer an der Frühpredigt durch ihr spätes Ende erschwert, von 1/2 8 Uhr an bleibe nicht genug Zeit, sich wieder etwas zu erwärmen. Daher verminderten sich auch die Besucher der Frühpredigt. Doch manche jungen Leute hätten sich nicht mit gebührender Andacht eingefunden und die Stunde gefeiert, deswegen sei die Sitte aufgehoben worden? Nun wohl! Die hiesige Bürgerschaft gelobt und der Magistrat will dafür sorgen, daß Stille und Ordnung gewahrt bleibt.

Eine Wiederherstellung der ursprünglich »mit der besten Absicht begleiteten, nachher aber zu Mißbräuchen ausgeschlagenen Feierlichkeit« widerrät das Konsistorium. Würde sie auch nur in der Residenz wiederhergestellt, so würden gar bald die Landstädte, dann auch die Dörfer folgen und um das gleiche Zugeständnis ungestüm anhalten. Auf Weimar beschränkt, würde sie von den Nachbardörfern Zulauf haben. Dadurch und im Hinblick auf das »viele junge Volk«, welches die Zeit von der Mette bis zum Hauptgottesdienst »in Gelagen bei dem Brandeweine und in andern unehrbaren Zusammenkünften zuzubringen geneigt ist«, würde »denen durch die Abschaffung vermiedenen Unanständigkeiten nur wiederum Tür und Tor geöffnet«. Einer christlichen Obrigkeit zieme es aber doch wohl eher, »Gelegenheiten zu Vergehungen, die öfters gar nicht ruchbar werden, abzuschneiden, als solche, wenn sie begangen, zu bestrafen«. Dieses Gutachten vom 11. Dezember erreichte den Herzog vor dem Feste nicht mehr! Erst am 3. Januar 1777 konnte er verfügen, es solle, wenn die Bürgerschaft ihre Bitte wiederhole, die Mette in Weimar zur früher gewohnten Zeit gehalten werden. Ein grundsätzlicher Erfolg? Der Wortlaut des Erlasses spiegelt den Eindruck des Gutachtens auf eine überaschend verallgemeinernde Art wider: Die Bitte sei zu erfüllen »zum Versuch und um zu sehen, ob sich alsdann die Leute ordentlich und anständiger als sonst dabei benehmen werden«.

Schon im nächsten Oktober erneuerten die Viertelsmeister kurz ihr Gesuch, nicht ohne ausdrückliche Versicherung, gegen Ungebühr und Ruhestörer einzuschreiten. Darauf teilte das Konsistorium diese Entscheidung an die Gesuchsteller mit, unter wörtlicher Anführung der merkwürdigen Begründung und Mitteilung einer Abschrift an Herder. Die Wiedereinführung vermerkt das Kirchenprotokoll zum 25. Dezember 1777.

Mit ausdrücklicher Berufung auf Weimar trug am 12. Dezember 1781 die Bürgerschaft von Apolda die gleiche Bitte vor. Die Nacht verhülle die Dürftigkeit der Kleidung und würde so manche arme Familie ermutigen, wieder einmal zur Kirche zu gehen. Die Möglichkeit von Unordnungen sollte doch nicht gegen Einführung der schönen Sitte sprechen. Denn »welche gute Sache kann nicht in Mißbrauch ausarten«? Schon am 18. lehnt das Konsistorium ab.

Bemerkenswert, daß in Weimar nach 1782 das »In dulci jubilo« verschwindet, und zwar auf Wunsch Herders.

Neue Bedenken bewegen das Konsistorium, als gegen 1800 sich wieder viel Unruhe und Mutwillen spüren läßt. Am 22. Dezember 1801 ersucht es deswegen die Generalpolizeidirektion um entsprechende Unterstützung gelegentlich der Christmette. Das an Legationsrat Kirmß gerichtete Schreiben trägt die eigenhändige Unterschrift Herders, der seit jenem Jahr Konsistorialpräsident ist.

Die Einrichtung selbst stellt am 6. Dezember 1810 Stiftsprediger Horn in Frage, da er sich über empörenden Mißbrauch der Christmette seit mehreren Jahren schwer beklagen muß, über hundertfältiges Geschrei der Kinder, unehrerbietigstes Geräusch, Geplauder und Gelächter eines großen Teils der Erwachsenen. Viele haben die Nacht durchschwärmt, sind halb betrunken in die Kirche gestürmt. Junge Burschen führen in ihr laut freche, unsittliche Gespräche oder schenken einander Branntwein ein und trinken sich zu. Kein Wort scheint dem Pfarrer zu hart, solche Mißstände zu geißeln. Sei ihretwegen nicht eine Abstellung der Christmette geboten, unter öffentlicher Bekanntgabe der Gründe? Das Konsistorium meint das nicht, es will sich auf den Erfolg aller bisherigen Maßnahmen gegen »Unfertigkeiten und unmoralisches Benehmen« auch künftig verlassen, ersucht also das Landespolizeikollegium um ernsthaftes Einschreiten gegen Ruhestörer. Diese Behörde kommt zwar aus verschiedenen Gründen gleichfalls zum Vorschlag, die Mette aufzuheben, sagt aber für diesmal strengste Aufsicht zu und macht ihre Maßnahmen öffentlich bekannt. So verläuft die Feier, wie Horn am 14. Januar 1811 berichten kann, würdig und ohne Störung, »durch frechen Übermut und rohe Sinnlichkeit nicht entweiht«. Weiteres Einvernehmen der Behörden sicherte die Feier auch in den nächsten Jahren. Gegen die Unsitte, in der Kirche bunte Reihen zu bilden, wurde 1817 zur Christmette für künftig allen Mannspersonen die Emporen, den Weibspersonen die unteren Kirchensitze eingeräumt.

Von der Christmette im Lande sprechen die Akten erst wieder, als es gilt, die nach dem Wiener Kongreß zugefallenen neuen Gebiete mit dem alten Sachsen-Weimar zu verschmelzen. Am 18. Oktober 1822 berichtet Pfarrer Korn zu Liebstedt: »Da in allen umliegenden Alt-Weimarischen Ortschaften die Christmetten abgeschafft sind, so kommen aus den benachbarten Dörfern die jungen Leute, um sich dafür schadlos halten und recht ausleben zu können, schon in der Christnacht den 24. Dezember hierher nach Liebstedt, vereinigen sich mit den hiesigen Burschen, trinken, schwelgen, singen und schießen die ganze Nacht durch, oft bis zum Morgen, wo früh gegen 5 Uhr in die Mette geläutet wird. Während des Läutens selbst wird viel Brandwein getrunken und aller Unfug getrieben, zwischen dem Läuten aber, ja sogar während der Metten geschossen. Zwar ist durch die vielen Vorkehrungen, die ich getroffen hatte, der Mettengottesdienst selbst immer ruhig gehalten worden, aber desto mehr Unarten aller Art sind in der Christnacht vor und auch nach den Metten vorgekommen, besonders ein unaufhörliches Schießen mit Feuergewehr. Ohnerachtet seit mehreren Jahren die hiesigen Gerichtspersonen mir wohl allen Beistand erwiesen und genau Aufsicht geführt haben, so hat doch der Unfug nicht verhütet werden können, da die Nacht solche Werke der Finsternis begünstigt und besonders da die vielen Fremden, welche sich hier mit einfanden, sich der Aufsicht der Gerichtspersonen zu entziehen wußten oder auch von den hiesigen jungen Leuten als Deckmantel gebraucht wurden, unter welchen sie sich mit verbargen.

Was ist dieses aber für eine Vorbereitung auf das Weihnachtsfest? Und wie soll der Prediger unter solchen Umständen die zur Ausarbeitung und zum Halten seiner Weihnachtspredigten nötige Gemütsstimmung sich aneignen können? Und ist dieser Unfug nicht die größte Entweihung eines so hochwichtigen Festes?« Noch in andern ehedem kursächsischen Orten wurde die Christmette gefeiert: in Willerstedt, Nirmsdorf, Rudersdorf, Oberreißen, Wohlsborn, Sachsenhausen, Leutenthal. Auch in ihnen sei Unfug schon gerügt worden. Deswegen bittet der Berichterstatter um Abschaffung der Mette. Sie wurde angeordnet, schon wegen der Rechtsgleichheit aller neuen mit den alten Landesteilen. Es handelte sich besonders um Orte in den Superintendenturbezirken Neumark und Buttstädt. Ausnahmen wurden nicht mehr zugelassen, und keine Bitte um solche wurde gewährt, weder für Sachsenhausen und Leutenthal oder Rudersdorf, die 1823, noch für Großheringen, das 1843 Befreiung von dem Gebot wünschte.

»*Vom Himmel hoch/da komm ich her …*«

Wer einmal zur Christnacht in einem der Walddörfer die Glocken läuten gehört hat, wird nicht nur deren Klang, sondern auch das dazugehörige Bild in sich bewahren: der leuchtende Schnee, die Lichter in den Fenstern und am Weihnachtsbaum. Wird auch den Kirchgang mit der Nachricht von der Geburt des Gotteskindes nicht vergessen. Das wohl schönste deutsche Lied, das eben diese Stimmung mit dem weihnachtlichen Geläute wiedergibt, wurde von Martin Luther und Johann Walther getextet beziehungsweise komponiert: »Süßer die Glocken nie klingen …«

1524 trafen sich in Wittenberg Luther, Conrad Rupff und Johann Walther (aus dem saalischen Kahla). Saßen drei Wochen lang zusammen, diskutierten, komponierten, texteten, tauschten aus, fügten neu zusammen. Ihr Ziel: Kirchenlieder im Dienste der Reformation. Ihre Methode: Bekanntes, auch profanes Liedgut dem neuen Zweck anzupassen. So erhielt manch vertrautes Stück ein anderes Mäntlein, bekamen im Volke verwurzelte Melodien einen anderen Text. Der Titel eines 1571 in Frankfurt/Main erschienenen Buches verdeutlich die Zielsetzung: *»Gassenhauer, Reuter- und Bergliedlein, christlich, moraliter und sittlich verändert, damit die böse und ärgerliche Weise unnütze und schampare Liedlein auf Fassen, Feldern und in Häuser zu singen mit der Zeit abgehen möchte, wenn man geistige gute, nütze Texte und Worte darunter haben möchte«.*
Man ging streng arbeitsteilig vor:
»Während Walther und Rupff am Tische saßen, über das Notenblatt gebeugt, mit der Feder in der Hand, ging Vater Luther im Zimmer auf und nieder und probierte auf der Querpfeife die Melodiengänge, welche ihm zu den von ihm gefundenen Texteswörten aus der Erinnerung und der Phantasie zuströmten, so lange, bis die Versmelodie als ein rhythmisch abgeschlossenes, wohl abgerundetes und kraftvoll gedrungenes Ganzes feststand.«

1535, zu Weihnachten, schrieb Luther – nach eben diesem Muster – seinen Kindern ein Lied: »Vom Himmel hoch/da komm ich her« – über das sich Albert Schweitzer sein eigenes Verslein machte: *»Der Teufel braucht nicht alle schönen Weisen für sich zu haben, hatte schon Luther gesagt, und darum sein Weihnachtslied 'Vom Himmel hoch da komm ich her' auf den Ton des Rätselliedes 'Ich komm aus fremden Landen her' gedichtet, in welchem der Sänger ein Rätsel aufgibt und von der Jungfrau, die es nicht lösen kann, ihren Kranz erhält. Nachher muß er diese Melodie aber doch wieder zum Teufel fahren lassen, da sie sich auch noch nach ihrer Bekehrung auf allen Tanzplätzen und in allen Wirtshäusern herumtrieb. Anno 1551 stieß sie Walther aus dem Gesangbuch heraus und ersetzte sie durch die Weise, nach welcher das lutheriche Weihnachtslied bis auf den heutigen Tag gesungen wird.«*

Dazu ein Nachspiel: Für die Aufnahme in die »Korrespondierende Sozietät der musikalischen Wissenschaften« (1747) reichte Bach u.a. auch »Einige canonische

Die Kurrendeknaben singen Luthers Lied »Vom Himmel hoch …« (L. Richter)

Vom Himmel hoch da komm ich her,
Ich bring euch gute neue Mähr'
Der guten Mähr bring ich so viel
Davon ich singen u. sagen will

Veraenderungen über das Weynacht-Lied: Vom Himmel hoch« ein.

Unter dem Namen Praetorius war Michael Schultze (1571 – 1621) einer der größten Musiker seiner Zeit. Von den vielen Liedern des im kleinen Werrastädtchen Creuzburg geborenen Komponisten, Organisten, Kapellmeisters und Theoretikers drang »Es ist ein Ros entsprungen« besonders tief in die Seele der Deutschen.

Dieses Lied in der Urfassung zu singen, erforderte nebst entsprechender Stimmkraft ein ausgesprochen gutes Gedächtnis: Umfaßte es doch 23 Strophen. Enthalten in einem Kölner Gesangbuch aus dem Jahre 1599. Sechs Jahre später, im sogenannten »Mainzer Cantual«, tauchte es als »altcatholisch Trierisch Christliedlein« wieder auf.

Für den 2. Weihnachtsfeiertag 1737 schrieb der Leipziger Thomaskantor Johann Sebastian Bach eine Kantate mit einigermaßen ungewöhnlichem Text. Da er seine Widersacher aus dem Rat, dem Konsistorium, der Superintendentur, der Universität wohl zugegen wußte an solch hohem Fest, mögen die mehr als deutlichen Worte an die Richtigen geraten sein:

»Ich muß als wie ein Schaf
bei tausend rauhen Wölfen leben...«,

klagte er und sah in Jesus seine einzige Hoffnung:

»Ach, süßes Liebespfand,
du kannst die Feinde stürzen
und ihren Grimm verkürzen.«

Die Antwort des Nazareners wünschte er sich so:

»Ja ja, ich kann die Feinde schlagen,
die dich nur stets bei mir verklagen ...«

Fürwahr, eine merkwürdige Weihnachtsmusik! Bach muß im wahrsten Sinne des Wortes der Kragen geplatzt sein. Die Thüringer haben allerdings keinen Grund zu Sprüchen wie »Wäre er lieber zu Hause geblieben«. Bachs Weggang aus Arnstadt ist kein Ruhmesblatt für die Stadt, die sich heute mit seinem Namen schmückt.

Allein der Kantaten zu Advent, Weihnachten und Neujahr schrieb der Meister über zwanzig. Wer die bewußte sucht, wird sie unter dem bezeichnenden Titel »Selig ist der Mann, der die Anfechtung erduldet« finden. Erwähnenswert ist auch, daß zwei jener einfachen, zu den ältesten deutschen Kirchengesängen zählenden lateinisch-deutschen weihnachtlichen Wiegenlieder (mit dem herrlichen »In dulci jubilo« in Bachs Orgelchoräle eingegangen sind.

»Komponiert anno 1734 im fünfzigsten Jahre des Verfassers« – steht, in der Handschrift von Bachs zweitem Sohn Emanuel, auf der Originalpartitur des »Weihnachtsoratoriums«, das eigentlich eine Sammlung von sechs Kantaten darstellt, die an sechs verschiedenen Tagen um Weihnachten, Neujahr und Ephiphanias 1733/34 aufgeführt wurden. Verbunden wird alles durch die Weihnachtsgeschichte nach Matthäus und Lukas. Aufregung gab es, als man entdeckte, daß der große Meister sich gewissermaßen selbst plagiert hatte. Etliche Stücke besaßen ursprünglich sowohl einen anderen Text als auch einen anderen Adressaten. Bach hatte sie zu Ehren des sächsischen Fürstenhauses geschaffen. Wahrscheinlich gefielen sie ihm so gut, daß er sie mehr als einmal aufgeführt wissen wollte und ins »Weihnachtsoratorium« schmuggelte. Seither liegen sich die Fachleute in den Haaren, ob es statthaft sei, Musik aus der »Wahl des Herkules« und dem »Drama per musica der Königin zu

O, du fröhliche,
O, du selige,
Gnadenbringende Weihnachtszeit!
Welt ging verloren
Christ ist geboren;
Freue, freue dich, o Christenheit.

O, du fröhliche,
O, du selige,
Gnadenbringende Weihnachtszeit!
Christ ist erschienen
Uns zu versühnen;
Freue, freue dich, o Christenheit.

O, du fröhliche,
O, du selige,
Gnadenbringende Weihnachtszeit!
König der Ehren,
Dich woll'n wir hören!
Freue, freue dich, o Christenheit.

Ehren« einfach ein weihnachtliches Etikett aufzukleben. 1664 bereits, also ein dreiviertel Jahrhundert vor Bach, war das »Weihnachtsoratorium« von Heinrich Schützt uraufgeführt worden. Der, als Sohn eines Gastwirtes in Köstritz geboren, zählte mit Schein und Scheid zu den »Drei großen 'S'« barocker Musik.

1736 verlegte der Zeitzer Schloßkantor Schemelli ein großes Gesangbuch mit knapp eintausend Liedern. Für jene, die noch nicht vertont waren, lieferte Bach die Melodien. Da jedoch besagtes Werk den Namen des Autors verschweigt, darf gerätselt werden bis heute über des Meisters Urheberschaft – wenngleich man sich inzwischen sicher ist in etlichen Fällen. So bei einem der schönsten deutschen Weihnachtslieder aus der Feder von Paul Gerhardt, den Bach verehrte: »Ich steh' an deiner Krippen hier«.

Johann Gottfried Herder, einer der großen Gestalten der klassischen deutschen Literatur und besonders verdient um das bis dato geringgeschätzte Volkslied (er gab u.a. die berühmte Samlung »Stimmen der Völker in Liedern« heraus), wurde 1776, dank Goethes Vermittlung, Hofprediger in Weimar. Als enger Vertrauter der Herzogin Anna Amalia begleitete er diese 1788/89 auf einer Reise nach Italien, von wo er eine alte sizilianische Volksweise mitbrachte. Er selber hielt sie für ein »Schifferlied«, der Originaltext hingegen – »O sanctissima, o piissima ...« – scheint dem zu widersprechen. Wie dem auch sei, das Lied gefiel, und 1816, dreizehn Jahre nach Herders Tod, schuf Johannes Daniel Falk, aus Danzig nach Weimar gekommen, jenen neuen Text, den wir alle kennen und lieben: »O du fröhliche«.

Auf die Melodie einer alten deutschen Volksweise schrieb Wilhelm Hey den schlichten, ergreifenden Text von »Alle Jahre wieder«. Der in der Nähe von Gotha geborene und in Ichtershausen bei Arnstadt wirkende Pfarrer (1789 – 1854) war als Fabeldichter und Autor von Kinderbüchern erfolgreich. Seine Literatur ist zwar dem Geiste der Zeit verpflichtet und kräftig moralisierend, darüber hinaus kommt aber auch die vergnügliche Erbauung nicht zu kurz. Zusammen mit den Illustrationen von Otto Speckter begleiteten die »Fabeln für Kinder« so manche Kindheit.

Lang und auch ein wenig verworren ist die Geschichte unseres vielgesungenen »O Tannenbaum«. Am Anfang war eine Melodie. Studenten sangen ihre Liedlein darauf und anderes Volk dazu. 1820 legte sie J. A. Zarnack seinem Gedicht »O Tannenbaum« unter. Wer denkt, das sei der Geburtstag unseres weihnachtlichen Liedes, der irrt. Herrn Zarnacks erste Strophe – in Ordnung. Die zweite aber begann so: »O Mägdelein, o Mägdelein, wie falsch ist dein Gemüte«. Vielleicht hatte er recht... Da mußte erst ein Wäldler kommen und ein Lied schreiben, das ganz dem Tannenbaum gehört und nicht zur Hälfte irgendeinem Mägdelein. Ernst Anschütz verfaßte die beiden neuen Strophen in Leipzig, stammt aber aus der alten Bergmannssiedlung Goldlauter südlich des Rennsteiges. Gottfried Wilhelm Fink aus Sulza schließlich – wie Anschütz ein Thüringer in Leipzig – richtete dann die heute gültige Melodie ein.

Nirgends sonst wurde das Weihnachtsfest musikalisch so verinnerlicht wie in Thüringen.

Eine Stimme fehlte

Hugo Hartung

Einen Heiligen Abend ohne Kurrendeknaben gab es bei uns daheim in Thüringen nicht. In der achten Stunde kamen sie, und die Mutter richtete es immer so ein, daß schon die Kerzen am Baum brannten, wenn draußen das Getrappel der vielen Füße auf den steinernen Flurfliesen hörbar wurde. Es war wohl ein Dutzend Jungen im Alter von neun bis dreizehn Jahren, die, angetan mit einem dünnen schwarzen Radmäntelchen und mit einem runden schwarzen Hut auf dem Kopf, uns das Jahr über am Sonntagmorgen mit einem Volkslied und einem Choral weckten. Ich meine noch heute zu hören, wie sie am ersten Maiensonntag »Der Mai ist gekommen« unter dem Fenster sangen und danach »Harre meiner Seele«. Zu Weihnachten aber traten sie in das Haus oder in die Stube ein und sangen der Reihe nach alle alten Weihnachtslieder.

Am liebsten war mir zu jener Zeit »Kommet, ihr Hirten, ihr Männer und Fraun«; denn meine Phantasie verwandelte diese schwarzen Buben, deren kleinster nicht größer war als ich, um ihres Gewandes willen selbst in lobpreisende Zeugen des bethlehemitischen Wunders. Ich vergaß, daß es Jungen aus meiner Schule waren; ihr zauberhaftes Singen, ihr feierlicher Ernst und ihre altertümliche Kostümierung entrückten sie mir in ein höheres, beneidenswertes Dasein.

Ich wußte, daß der kleine Martin Luther, ebenso angetan, einst vor dem Hause der Frau Cotta in Eisenach gestanden war, aber daß auch mein Vater in Arnstadt in den Häusern wohlhabender Bürger gesungen hatte. Er selbst vergaß das wohl auch nie und war von dem Singen der Kinder am Heiligen Abend immer besonders bewegt, und ihr Anführer, der als der Musikalischste mit seinem Stimmgäbelchen den Ton anzugeben hatte, empfing von ihm jedesmal als Weihnachtsgabe ein Goldstück. Von Mutter bekamen sie Äpfel, Nüsse und Weihnachtsgebäck, die sie draußen in ein weißes Säckchen schütteten, um sich die Gaben hernach redlich zu teilen und fürs eigene Fest, das meistens kläglich genug sein mochte, mit heimzunehmen.

Nun geschah es in dem Jahre, von dem ich erzählen will – es mag 1910 gewesen sein –, daß unsere Kurrendeknaben sich verspäteten. Die Christbaumkerzen waren schon tief heruntergebrannt, und immer noch fehlten die Lieder der hellen, klaren Kinderstimmen. Endlich vernahmen wir eine schwätzende Schar vor der Haustür, hörten, wie die Jungen den Schnee von den Schuhen abstampften – ich kann mich an keine Kinderweihnachten ohne Schnee erinnern –, und dann kamen sie, wie immer, in das diesmal nicht mehr ganz so strahlende Weihnachtszimmer und sangen auch wie immer. Aber nein, es war nicht wie immer! Es lag wohl nicht nur an dem matteren, letzten Kerzenschimmer, daß diesmal die Gesichter nicht so aufgetan schienen und auch die Stimmen nicht so hell klangen wie sonst. Es fehlte der Kleinste in der Schar, der sich durch seinen köstlichen Knabensopran und seine vollkommene Musikalität hervortat. Er hieß Richard, und Vater mochte ihn besonders gern.

»Wo ist Richard?« fragte Vater, als die »Stille Nacht« verklungen war.

Wie sie's vom Kantor gelernt hatten, übernahm der Anführer das Wort und sagte, Richard sei heute abend plötzlich verschwunden. Warum verschwunden? wollte der Vater wissen. Nun, das war nicht so leicht aus dem Jungen herauszubringen. Die Kurrendeschüler hatten einen schönen Chorgeist, und so mußte

Vater sie erst daran erinnern, daß auch er einmal einer der ihren gewesen sei, um schließlich zu erfahren, was geschehen war.

Nach dem dritten oder vierten Singen dieses Abends war demnach der Kleine zu seinem Anführer gekommen und hatte ihm mit bedrückter Stimme gestanden, er habe etwas Schlimmes begangen. Im nächsten Hause hatte er zwar noch mitgesungen – das war in der Wohnung des rundlichen Realschuldirektors, der den reichen Gaben seiner gutmütigen Frau mit seiner etwas schmetternden Stimme einige pädagogisch-moralische Ermahnungen gleichsam als »Zugabe« beifügte –, und danach war Richard plötzlich weggewesen. Die Kameraden hatten nach ihm gerufen, aber der Schnee trug ihre Stimmen nicht weit. Sie waren umgekehrt und hatten die ganze Hauptstraße und, in Grüppchen verteilt, den weiten Marktplatz abgesucht – doch ihr »Kleiner«, wie ihn die Kurrendaner nannten, blieb verschwunden... Ich sah ängstlich meine Mutter an – unwillkürlich dachte ich an den Mörder, der im Herbst die nachbarlichen Wälder unsicher gemacht, und den man angeblich auch in unserer Gegend gesehen hatte –, und Mutter blickte wiederum auf Vater, der wohl allein hier Rat wissen konnte. Und Vater entschied: »Jungens, wir gehen gleich zur Polizei!«

Das war nun ein seltsames Erlebnis für mich: In der Heiligen Nacht um die zehnte Stunde, mitten unter der Kurrende, durch die verlassenen Gassen der Heimatstadt zu gehen! Überall waren die Fenster erleuchtet. Man hörte Stimmengewirr und Kinderlachen aus den Parterrewohnungen, manchmal auch Singen und Klavier- oder Geigespielen. Lametta und Silberkugeln glitzerten im Kerzenschein hinter den Gardinen, und einige dünne Schneeflocken wehten an den Gaslaternen der Straße vorüber.

Die Jungen baten, vor diesem und jenem Haus am Wege noch singen zu dürfen, damit sie sich nicht die Kundschaft verärgerten.

Ja, sie mußten sogar an diesem Abend oft auf der Straße stehenbleiben und zu geschlossenen Fenstern hinaufblicken, hinter

»Luther singt als Kurrentschüler vor der Türe der Frau Ursula Cotta in Eisenach«, Stahlradierung von G. König

denen sich die Familien zeigten, die keine kalte Luft und keine armen Kinder in der Wohnung haben mochten. Wie Spruchbänder auf heiligen Bildern wehte dann aus den singenden Mündern der weißliche Atemhauch. Anderswo ließ man die Knaben wenigstens ins Treppenhaus eintreten, und manch eine Hausfrau jammerte, sie brächten mit ihren Schneefüßen nur Schmutz herein.

»An so einem Abend lernt man seine lieben Mitmenschen kennen«, sagte Vater, als wir endlich dem Rathaus nahe waren. Im Rathaus residierte Barbarossa, wie wir den alten Polizeiwachtmeister nannten, obwohl sein mächtiger Bart längst schlohweiß geworden war. Vor ihm, der den Siebzigerkrieg als Unteroffizier mitgemacht hatte und am Sedantag stolz das Eiserne Kreuz am Bande trug, fürchteten wir Kinder uns sehr, und die Kurrendaner waren sicher froh, daß außer mir nur ihr Stimmführer mit ins Wachtlokal gehen mußte und sie derweil draußen warten durften.

Barbarossa sah unwillig aus, als wir die Wachtstube mit ihren mittelalterlichen Gewölben betraten, und hieß uns durch einen grimmigen Blick an der Tür warten. Er hatte an einem Holztischchen 'seine Truppe' um sich versammelt, wie er die fünf meist recht behäbigen Polizeiwachtmeister des Städtchens nannte, und hielt ihnen, vor denen je ein Glas dampfenden Punsches stand, eine Ansprache, die weniger Bekenntnis zur Weihe des Abends als das eines redlichen dynastischen Gefühls war und sinngemäß im Kaiserhoch und Gläseranstoßen endete. Die dünnen Kerzen erloschen fast vorm rauhen Männergesang der Hymne. Danach erst durften wir unser Anliegen vorbringen.

Nur weil Vater Beamter war, ließ sich Barbarossa herbei, die Personalien des vermißten Kindes aufzunehmen, aber er fügte gleich hinzu, die Gegend, wo Richards Mutter wohne – sein Vater war während des Sommers im Steinbruch tödlich verunglückt –, sei ein übles Viertel, und das Unkraut, das dort wüchse, verginge nicht so leicht. Außerdem seien die Teiche um die Stadt, wo jemand hineinfallen oder sich umbringen könne, alle zugefroren . . . Immerhin versicherte der Polizeigewaltige pflichtgemäß, seine Männer würden morgen die notwendigen Erhebungen anstellen.

Morgen – dachte er denn nicht an Richards Mutter, die sich in dieser Heiligen Nacht ohne ihren Jungen zu Tode ängstigen mußte?

Nun, wir haben Richard bald selber gefunden. Der Anführer der Kurrendaner hatte den Einfall, wir sollten doch im Turmstübchen nachsehen, wo die Jungen ihre Mäntel und Hüte und die Gesangbücher aufbewahrten. Und wirklich lagen in dem kalten kellerartigen Raum im Stadtkirchturm ein Radmantel und der kleinste der Kurrendanerhüte, die Sachen des vermißten Jungen. Das konnte ein schlimmes Zeichen sein – aber für Vater barg es doch eine Hoffnung. Er entzündete ein Windlicht und meinte, wir müßten nun auch noch oben nachsehen. Und wieder stieg unsere Rathausabordnung auf den ausgetretenen schmalen Stufen des finsteren Turmschachtes allein nach oben. Für mich war es unheimlich und erregend, in die unergründliche Schwärze emporzuklimmen, den Modergeruch der Jahrhunderte zu atmen, unsere Schatten übergroß verzerrt auf grauen Wänden schwanken zu sehen und endlich im Gebälk bei den Glocken zu sein, die mich gewiß zu Boden geworfen hätten, würden sie ihre erzene Stimme wider die Eindringlinge erhoben haben. Ich empfand es wie eine schreckliche Verlockung, als ich mit dem Knöchel an die geschwungene Wandung der uns zunächst hängenden Glocke schlug. Fast unhörbar war ihre Antwort auf meinen Frevel.

Nun drang bleiches Schneelicht durch gotisch gewölbte Fenster, eine Tür knarrte – und wir standen im Türmerstübchen, in dem noch wenige Jahre zuvor der letzte Türmer über Stadt und Land die Feuerwache gehalten hatte. Jetzt vernahmen wir in dem verlassenen Gemach ein schweres Atmen. Vater hob das Windlicht hoch: In der Ecke schlief zusammengekauert Richard – den Kopf auf den

Knien, in einem dünnen Sweater und mit vielfach geflickten Hosen, so ganz ohne die von mir bewunderten Würdezeichen des Weihnachtssängers. Vater schickte mich und den Kurrendaner hinaus und sagte, wir sollten uns durch die Treppenfenster die verschneiten Dächer der Stadt und die benachbarten Waldhöhen im Sternenlicht ansehen...

Aber wir blieben beide dicht vor der Tür stehen und lauschten klopfenden Herzens, was nun drinnen in dem Stübchen geschähe. Und wir waren sehr enttäuscht, als wir nur ein leises Sprechen und heftiges, stoßweises Weinen vernahmen. Es dauerte wohl eine Ewigkeit, bis Vater herauskam, Richard an der Hand führte und kurz zu uns sagte: »Es ist alles in Ordnung.«

Im Kurrendanerraum, aus dem wir schon auf halber Treppenhöhe die anderen Jungen lärmen hörten, legte mein Vater selbst dem blassen Ausreißer sein Mäntelchen über und gab ihm den schwarzen Hut in die Hand.

»Jetzt gehen wir alle miteinander zu Richards Mutter«, sagte er. Warum Vater auf dem Wege in die Vorstadtsiedlung zusammen mit Richard auch in das Haus des Kolonialwarenhändlers Reimer ging, der uns als schrulliger, aber sehr liebenswürdiger alter Herr bekannt war, und warum die beiden von dort nach einer Weile eine Menge mit Goldschnüren zusammengehaltener Paketchen in dem damals üblichen festlichen bunten Glanzpapier mitbrachten – das alles habe ich von Vater erst sehr viel später erfahren. Da erzählte er mir, wie an jenem Abend der kleine halbwaise Junge, als die Kurrende im Flur des weiträumigen Geschäftshauses ihre Weihnachtslieder sang, aus zweien der vielen prallen Säcke und Säckchen des Kaufmannslagers sich heimlich die Taschen mit Mandeln und Rosinen gefüllt hatte, um der Mutter eine einzige Festfreude bereiten zu können, und wie er dann in jäher Scham und Verzweiflung über den Diebstahl vor den Kameraden geflohen war. Doch die schmalen Fenster im Turm, immer noch groß genug, daß ein Kinderleib sich hätte hindurchzwängen können, waren lange nicht geöffnet worden, und das Eis klammerte ihre Flügel fest zusammen . . . Der alte Reimer aber hatte verstanden und verziehen.

In der armseligen Siedlung, die ein Baumeister als Spekulationsobjekt um die Jahrhundertwende errichtet hatte, gab es ein ungewöhnliches Aufsehen, als vor dem Hause, in dem Richards Mutter wohnte, die Kurrende Aufstellung nahm, die noch niemals hierherbestellt worden war, und nacheinander ihre schönsten Weihnachtslieder sang. In mancher schon dunklen Wohnung wurde wieder Licht angezündet. Wir beiden Nichtbeteiligten standen ein wenig abseits, und als bei der letzten Strophe meines geliebten Hirtenliedes sich eine helle, klare Sopranstimme, die bisher im Chor gefehlt hatte, rein über alle anderen Stimmen aufschwang, nickte mir Vater zu, und wir gingen leise miteinander weg. Die Sterne flimmerten am Himmel, und der Schnee knirschte unter unseren Schuhen.

»Sonderbare Anmerkung der zwölf Nächte ...«

Man war und ist abergläubisch in Thüringen, besonders die Wäldler. Auch wenn die jungen Leute spöttisch lächeln, halten die Alten noch beharrlich an bestimmten Vorzeichen und Überlieferungen fest, die sie von ihren Eltern oder Großeltern übernommen haben. Vieles freilich ist verloren gegangen oder hat sich zu anderer, neuer Bedeutung gewandelt.

Die zwölf Nächte, zwischen Weihnachten und Hohem Neujahr, galten schon immer als ein besonderes Datum. Die Welt offenbarte ihr Doppelwesen. Praktisch jede Verrichtung besaß eine zweite, parallele Bedeutung und Wirkung. Man mußte höllisch auf der Hut sein, um nichts durcheinanderzubringen. Versäumnisse und Vergehen hatten zumeist fatale Auswirkungen auf das kommende Jahr.

In Hainspitz bei Eisenberg glaubte man, das Waschen während der zwölf Nächte beschwöre die Wilde Jagd. Andernorts wiederum (so in Eyba und Langensalza) fürchtete man dadurch ebenso den Tod eines Familienangehörigen zu verschulden wie durch das Aufhängen der Wäsche und das Zerbrechen von Geschirr.

Darüber hinaus waren zu dieser Zeit auch das Nähen, Häkeln, Stricken, Spinnen sowie – zum Teil – das Backen untersagt. Die von diesen Arbeiten befreiten Frauen hatten jedoch umso mehr Verantwortung bei der Auswahl der richtigen Speisen. Erbsen zu essen war zum Beispiel streng verboten. Zuwiderhandlung wurde mit Beulen bestraft. Ebenso vermied man den Verzehr von Kraut – zumindest in Veilsdorf. Da man dort das K als G spricht, galt: Einem, der Kraut ißt an diesen Tagen, wird es garantiert grauen ...

Nachfolgend eine Auswahl wichtiger Vorbedeutungen und Verhaltensregeln für die zwölf Nächte:

Der Tag der unschuldigen Kindlein gilt allgemein als besonders gefährlich. Sollte sich außerdem noch die Sonne bedeckt halten, droht Kindersterben.

Wer Wäsche auf die Leine bringt, hängt Häute auf, das heißt, seine Tiere (Neuhaus-Schierschnitz).

Das Vieh, das sich in den zwölf Nächten losreißt, wird nicht im Stall bleiben, sondern entweder verkauft oder zum Schinder gebracht werden müssen (Titschendorf bei Schleiz).

In dieser Zeit darf man kein Spinnrad in die Stube bringen, sonst werden die Schafe krank.

Wer jetzt seinen Stall ausmistet, dessen Vieh stirbt.

Leute, die sich das ganze Jahr über aus Gewohnheit oder mangels Anstand und Sitte lieber auf den Tisch zu setzen pflegen statt auf ein richtiges Sitzmöbel, bekommen in den zwölf Nächten Schwären am Hintern (Hermsdorf).

An den Weihnachten, Neujahr und Hohem Neujahr vorangehenden Tagen sollte man nichts verborgen. Geliehene Sachen – vor allem Geld – müssen unbedingt vorher zurückgegeben werden.

Wer jetzt den Namen des Wolfes nennt, wird von ihm nicht verschont bleiben.

Aber: In den zwölf Nächten muß man sich unbedingt gegenseitig besuchen; das festigt die Freundschaft fürs kommende Jahr (Pößneck).

Junge unverheiratete Mädchen sollten zu Weihnachten, Neujahr und Hohem Neujahr jedesmal eine Schleiße anzünden, deren Überreste bei der nächsten Wäsche in eines ihrer Hemden wickeln, mitkochen und während des Ausklopfens beobachten, ob jemand an ihnen vorübergeht. Erscheint ein Mann, so wird dies ihr zukünftiger Gatte werden.

Das, was man in den zwölf Nächten träumt, wird Wirklichkeit werden. Mancherorts entsprechen jede Nacht beziehungsweise jeder Traum einem Monat des folgenden Jahres.

Bei der Zukunftsforschung spielt die Voraussage des Wetters eine große Rolle. Im »Ökonomischen Kunst- und Haushaltskalender« für das Jahr 1765 (gedruckt in Schleiz) findet sich eine

Sonderbare Anmerkung der zwölf Nächte

»Wenn die Sonne am heiligen Christtage scheint, so bedeutet es ein glücklich Jahr, scheinet die Sonne den 2. Tag, so bedeutet es Theurung, den 3. Streit und Uneinigkeit, den 4. drohet es den jungen Kindern Krankheit, Masern und Kinderblattern, den 5. geräth Obst und Winterfrucht wohl, den 6. giebts Überfluß an Baum- und Feldfrüchten, den 7. bedeutet es gute Viehweide, hingegen aber Theurung an Korn und Wein, den 8. viel Fische und wilde Vögel, den 9. bedeutet es den Kaufleuten glückliche Handelschaften, den 10. kommen gefährliche Gewitter, den 11. bedeutet es grosse Nebel und daraus entstehende pestilentzialische Krankheiten, den 12. bedeutet es Krieg und Blutvergiessen.«

Weiterhin galt: Läuft die Gans Barbara im Klee, geht der Christtag im Dreck.

In Jena-Ammerbach lauschte man in den zwölf Nächten nach dem Wind. Falls der wehte, war die nächste Obsternte gesichert.

Im Werratal ging die Sage, daß derjenige, der jede der zwölf Nächte bei der verwunschenen Wüstung Gertles zubringe und es dort Zwölf schlagen höre, zu großem Glück komme. Bechstein erzählt von einem aus Marisfeld, der – nach schrecklichen Ängsten – auf diese Weise zu großem Reichtum gelangte.

»Ich pfeffre einen jungen Herrn . . .«

Von den vielen weihnachtlichen Bräuchen ist das »Pfeffern«, »Klingeln«, »Dengeln«, »Frische-Grüne-Hauen« oder »Buschschlagen« gewiß einer der lustigsten. Bis in die fünfziger Jahre hinein zogen in bestimmten Gegenden Männer von Haus zu Haus und schlugen mit einem Zweig vom Christbaum oder einem blühenden Obstreis die Mädchen und Frauen – so es die zuließen – ans Bein und sagten dazu ein Sprüchlein mit ihren Wünschen nach Geld oder Schnaps, Süßigkeiten etc. her. Tage darauf waren die Mädchen an der Reihe, und sie trieben es nicht weniger keck und lustig.

Das Wort »Dengeln« = »Klopfen« zählt noch heute zum bäuerlichen Vokabular: Man dengelt Sichel und Sense. »Pfeffern« hat im Volksmund eine ähnliche Bedeutung. Das »Klingeln« geht auf den 28. Dezember, den »Tag der unschuldigen Kindlein«, zurück. Das Umgehen und Heischen wurde »Kindeln« (mundartlich auch »Kingeln« oder »Kängeln«) genannt. Nach der Reformation verblaßten im protestantischen Thüringen nicht nur die katholischen Heiligen, sondern auch das mit ihnen verbundene Brauchtum, oder man funktionierte es um: Der Kindel- wurde zum Klingeltag.

Die Bezeichnung »Frische-Grüne-Hauen« galt im benachbarten Frankenwald und im Vogtland, ebenso im Orlagau – wo man auch für »Hauen« die drastische Bezeichnung »Peitschen« verwendete. Mägde und Knechte durften allerdings nur mit einem Rosmarinstengel ihre Herrschaft »schlagen«.

Verschlossene Häuser reizten erst recht zum Eindringen. Wenn auch noch die Fenster zugesperrt waren, wurde die Tür ausgehoben. Der Phantasie waren keine Grenzen gesetzt. Immerhin lockten Würste, Schinken, Pfefferkuchen und mehr oder minder schöne Mädchen.

Die Ursprünge dieses Brauches mögen weit zurückgehen. Auch hat sich der Beweggrund geändert. Die ältesten Dengelsprüche lassen erkennen, daß die Berührung mit dem grünen Zweig Fruchtbarkeit und Segen vermitteln sollte. Später schoben sich die Bedrohung, die Züchtigung in den Vordergrund: Man spekulierte nun darauf, daß sich der Betroffene freikaufen würde.

Profitiert haben nicht nur die Akteure, sondern auch die Volkspoesie. Die nachfolgende Auswahl herrlicher Verslein mit eindeutigem oder verstecktem Sinn mag dies beweisen. Zunächst mit »Pfeffern«:

Ich pfeffre einen jungen Herrn,
Ich weiß, er hat das Pfeffern gern.
Ich pfeffre ihn aus Herzensgrund,
Gott, laß' den jungen Herrn gesund.
(Meininger Oberland)

Pfaffr, pfaffr unt'n na,
Uomdra sitz dä Gückelhah,
Unt'n sitzt die Henn,
Du wärscht mich schä verstänn.
(Steinach)

»Dengeln« in Solsdorf bei Rudolstadt um 1910.

»Gedengelt« (»gedängelt«) wurde unter anderem mit folgenden Sprüchen:

Dengel, dengel Pate,
greif an deine Wade,
greif aber tief hinein,
wo die schönsten Taler sein.
(Saalfelder Höhe)

Engel, dängel,
sechst (siehst) wie a Engel,
sechst wie a Rosenstöckla,
stinkst wie a Ziechenböckla.
(Meininger Oberland)

Dängl, dängl Weidn,
Du sollst die Börschla (Burschen) meidn.
Sollst an kän annera denk,
Sollst bluoß an dei Schatzla denk.
(Neuenbau)

»Frische-Grüne-gehauen« wurden u. a. mit folgenden Versen:

Frisches, grines, langes Lam,
Söllst me 'n Sack voll Epfel gam,
Pfafferkuhng und Branntewei,
Frische-grine, löst dich frei.

Fitsche, fitsche griene,
Mir woll'n e was vardiene.
Apfl, Nüss un Pfafferkouchn
un e Gläsle Branntewei.
(Greiz)

»Klingeln« tat man unter anderem in der Goldenen Aue, in der Rhön und auch in der Umgebung von Stadtilm und dem heutigen Bad Blankenburg:

Kingel, kingel Rute,
Tut mer was zugute.
Das Gute nein, das Böse raus,
oder daß du alle Tage frisch bleibst.

Die Obrigkeit freilich hatte auch mit diesen Heischegängen ihre Probleme. Es gab Anzeigen und Verbote, und der Steinacher Pfarrer klagte 1701:
»Allemal um die liebe Weihnachtszeit habe ich meine große Verdrießlichkeit gehabt über der hiesigen Leute bös Gewohnheit, daß auf den Tag der unschuldig Kindlein die Männer und Schulknaben und was nur mit einer Ruthen auf dem Wege hat fortkommen können, in allen Häusern herumdapiert und denen Weibern, ledigen Dirnen oder Mägden die Röcke aufgehoben und an die Beine mit der Ruth gehauen und das heißt sich Pfeffern und dafür haben sie bekommen Branntwein, Pfefferkuchen, Äpfel, Birn, Hutzeln, Nüsse usw.«

Allerlei Zauber

Von den jährlichen Lostagen war der 24. Dezember ein besonderer: Während der dunklen Zeit schienen das Reich der Geister und die Zwischenwelten besonders nahe und gefährlich durchlässig. Ein reicher Schatz von sagenhaften Überlieferungen, Zaubersprüchen und Orakeln kündet von der Furcht der Wäldler vor den Mächten der Finsternis. Häufig wurde das Schicksal befragt. Junge Leute, wie könnte es anders sein, wollten Auskunft über ihre Zukünftigen haben. Ob etwa eine Heirat anstand im nächsten Jahr und – wenn ja – mit wem. Für solch komplizierte Dinge bedurfte es nicht minder verzwickter Vorbereitungen.

So hatten etliche »Edel Jungfern« zu Coburg, nachdem sie neunerlei Speisen gesammelt und aufbewahrt hatten, diese just am 24. Dezember zur Mitternachtsstunde auf den Tisch gebracht. »*Drauff sollen ihre Liebsten alle gekommen seyn, Messer mitgebracht haben, und sich zu einer jedweden niedersetzen wollen: drüber sie aber erschrocken, und davon gelauffen, drauff der eine Geist sein Messer hinter sie her geworffen, welche sich ümme gesehen, das Gesichte angeschauet, und das Messer aufgehaben; etc. Weiter soll auch der Todt nebenst solchen Liebsten oder eingeladenen Buhlern leibhaftig gekommen seyn, und sein Stundenglaß bey einer niedergesetzet haben; die das Jahr über auch gestorben ist.*«

Auf ähnlich gottloser Methode beruht ein anderes Orakel zur Offenbarung künftiger Liebhaber. Leute, die davor nicht zurückschrecken, sollten folgendermaßen verfahren:

»*Nemblich sie schneiden neunerley Holtz an dem Tage, so vor dem Weynachtabend vorhergehet, ab: davon machen sie in der Mitternacht ein Feuer in einem Gemache oder Stuben, aber gantz nackigt also, daß sie ihre Hemden vorher zum Gemache hinaus werffen vor die Thüre, und drauff bey dem Feuer sitzend sprechen: hier sitze ich splitter fase nackigt und bloß; wenn doch mein Liebster kähme, und würfe mir mein Hemde in den Schoß.*

*Solches sollen in Coburg etliche Mägdigen getrieben haben: deren die eine davon ihr Hembde entzeln und besondern zur Thür hinaus geworffen gehabt: welches ihr also hernach war richtig wieder hinein geworffen worden: da sie denn auch das Gesichte gemercket, welches hernach mit deme übereingekommen, den sie zu freyen bekommen. Die andern Struntzen hatten aber ihre Hembden alle über einen Klumpff zusammen gewickelt gehabt, und also zur Thür hinaus geworffen: derentwegen hatten sich gleichsam die Geister nicht drinnen finden können; sondern einen großen Tumult und Gepolter darüber angefangen dergestalt, daß den Mädigen drinnen gegrauset, und flugs ihr Feuer ausgegossen und sich zu Bette verkrochen haben bis frü*e, da ihre Hemden vor der Thüre in etliche tausend kleine Stücklein zerissen gewesen«.

Zu nachfolgender harmloserer Beschwörung bedarf es weniger Mut, dafür aber Geduld und vier Zwiebeln. Diese lege man in die vier Winkel seiner Stube, »*eine hie, die andere dahin, und benennen bey einer jedweden eines Persohnen Nahme, darzu sie Hoffnung haben, und also der Lieberhaber 4. Darauff lassen sie solche stehen biß auff heilige drey Könige: Ist keine davon ausgeschlagen, so wird von der Heyrath oder denen gedachten Persohnen nichts werden, welche Zwibel aber keimet, dessen*

Noch stehen diese Kugeln und Glocken gewissermaßen auf dem Kopf, das heißt, sie trocknen auf Nagelbrettern.

In Lauscha, am Südhang des Thüringer Schiefergebirges, befand sich die Wiege des gläsernen Christbaumschmuckes. Weihnachtsfichte auf dem alten Hüttenplatz (rechts).

Halbfertige Ware. Der Rest der Glasröhre muß auf alle Fälle abgetrennt werden, und vielleicht werden die Kugeln dann noch bemalt.

Jörg Hähnlein aus Hasenthal an seinem heimischen Arbeitsplatz. Aus der Röhre entsteht eine Glocke.

Model und Originale: Alter, in die Form geblasener Christbaumschmuck aus dem Museum für Glaskunst in Lauscha, das zu Recht zu den meistbesuchten Thüringer Museen gehört.

Weihnachtliche Dorfidylle auf kleiner Kugel: Dieser künstlerisch gestaltete Weihnachtsschmuck der Familie Lochschmidt aus Spechtsbrunn am alten Sattelpaß ist eigentlich zu schade als Baumbehang.

Droben, auf dem Kamm des Thüringer Waldes, liegt der Urlauberort Schnett mit seiner malerischen Dorfkirche.

Die Häuser hier sind in Schiefer gepackt. Der graue Stein schützt vor der rauhen Witterung und gibt den Walddörfern des Schiefergebirges ein ganz besonderes Gepräge.

Alljährlich am 2. Januar, zur Dämmerstunde, tauchen die sogenannten »Hulleweiber« auf und übernehmen in Schnett – zum Gaudi der vielen Schaulustigen – die Herrschaft . . .

Furcht und Schrecken sind beabsichtigt und erhöhen die Spendelaune

Am schlimmsten bei diesem alten heidnischen Spektakel treiben es die »Ströherne« und die »Wilde«, die auch in Schnett dem allgemeinen Hang zur Entblößung nicht widerstehen konnte (Foto: A. Martin; folgende Seite).

Nahme, so sie dabey gesprochen, wird der Bräutigam haben, den sie bekommen sollen.«

Junge Frauen, die gleich drei nach Osten fließende Quellbäche in ihrer Nähe wissen, müssen diese in der Weihnachtsnacht schweigend abschreiten, ehe im Spiegel des letzten das Antlitz ihres Zukünftigen auftaucht.

Wie anderswo erwies sich auch in Thüringen das sogenannte »Horchen« oder »Gucken« als besonders probates Mittel zur Zukunftserforschung. Man »horchte« oder »guckte« zu Weihnachten oder Silvester auf einem Kreuzweg oder einem grünenden Feld. Ein Fenster, über dem sich der Tragebalken der Stube befand, war ebenfalls zu solch zauberischem Geschäft geeignet – das im übrigen etliche Gefahren barg. Selbst wenn man sich vorher durch einen mit Kreide gezeichneten Kreis im Namen Gottes geschützt hatte, gehörte einigermaßen Mut dazu, die Gesichte oder Laute zu ertragen: Geschrei und Pferdegetrappel deuten auf kriegerische Zeiten, Glockengeläute auf Feuersbrünste, während dunkle einzelne Wolken Vorboten von Seuchen und Krankheiten sind. Gern gesehen waren große Heuwagen oder eine Herde fetter Schweine.

Schon manche haben zu Silvester einen Sarg über jenem Haus erblickt, auf dessen Bewohner dann der Tod gekommen ist. In Steinach hatte der Friedhofswärter zu erkunden, von welchem Geschlecht und in welchem Alter die meisten Leute ins Grab kommen würden. Wie er das machte, war nicht bekannt, seine Voraussagen sollen aber äußerst verläßlich gewesen sein. Auch durfte er über Neujahr kein Grab auflassen. Es hätte sonst das Jahr über viele Einwohner in sich hineingezogen. Ganz wichtig war es, am Weihnachtsabend »den Mist schwarz zu machen« (umzustechen); nur dann ging der Tod im folgenden Jahr an dem betreffenden Haus vorüber.

Nicht nur im Meininger Oberland legte man allergrößten Wert darauf, vor dem Weihnachts- beziehungsweise Silvesterabend alle Wassergefäße zu füllen und jeweils bis zum nächsten Morgen stehenzulassen. Wer dies vergaß, konnte sicher sein, daß er (oder die Familie) sie im folgenden Jahr vollweinten.

Im Vogtland durfte das Wasser nach Eintritt der Dunkelheit weder ins Haus noch aus ihm heraus getragen werden. Ansonsten gab es ebenfalls Tränen.

Schlimmes erwartete auch die Bewohner einiger Dörfer des südlichen Harzvorlandes, falls sie vergaßen, alle Weihnachtskerzen abzubrennen beziehungsweise die rotgestickten Initialen aus ihren Hemden nicht entfernten.

Im Meininger Oberland glaubte man: Wer in der Christnacht beim Lichtanbrennen seinen Schatten ohne Kopf oder im Schlot einen Sarg schweben sieht, stirbt im kommenden Jahr. Besonders reine und seherische Menschen hingegen erblicken in jener Nacht am Kyffhäuser die blaue Blume oder, im ganzen Land, Hopfen und Schlehdorn in voller Blüte.

Über dem Güldenbrunnen nahe dem vogtländischen Löhma leuchtete zu Weihnachten ein seltsames silbernes Häuschen, mit Lichtern bestückt und silbernen und kristallenen Glöckchen behangen. *»Davor saß ein Mütterchen in blendend weißem Kleide und gab Jedem geweihtes Wasser, das sich in Wein verwandelte. Als aber einst böse Gesellen einige Glöckchen abbrachen, sind Weib und Häuschen für immer verschwunden. Die Glöckchen wurden in den Taschen der Buben zu großen Ameisen, die ihnen das Herz abfraßen«* (Quensel).

Diejenigen, die ihr Feuerholz ohne Wissen des Försters aus dem Wald holen, sollten die Erfahrung der Nieder-

Besonders in den Losnächten soll die gespenstische Weiße Frau in der Ruine des alten Grafenschlosses Hallenberg gesehen werden . . .

pöllnitzer beherzigen und beim Weihnachtsläuten ihre Schürze waschen. Dann bleiben sie beim Stehlen garantiert unentdeckt.

Im Meininger Oberland lautete das Rezept:

»Will man das Jahr hindurch Holz im Walde stehlen, ohne vom Jäger betroffen zu werden, so gehe man in der Christnacht hinaus und stehle neunerlei Holz.«

Wer selber einen Dieb dingfest machen will und das Glück hat, einen persönlichen Gegenstand des Missetäters zu finden, sollte diesen – ohne ihn mit bloßen Händen zu greifen – in die Esse hängen. Der Dieb erleidet dann die gleichen Qualen, als ob er höchstpersönlich im Rauch und Feuer gebraten würde, und ihm wird nichts anderes übrig bleiben, als das Gestohlene reuemütig zurückzubringen.

Sollte eine Fußspur hinterlassen worden sein, hat der Bestohlene die Chance, etliche – in der Christnacht geschmiedete – Nägel in jenen Abdruck und damit auch in des Täters Fuß zu schlagen…

Von einem gar schrecklich endenden Christnachtzauber aus dem Jahre 1715 berichtet ein Büchlein mit dem nicht minder ungewöhnlichen Titel *»Wahre Eröffnung der Jenaischen Christnachts-Tragödie oder Gründlicher und Aktenmäßiger Bericht von der sonderbahren und höchst betrübten Begebenheit, welche in einem, der Stadt Jena nahegelegenen Weinbergs-Häußgen, mit drey Personen, so die Geister zur Zeigung eines eingebildeten Schatzes, citiret und beschwohren, im Jahre 1715, in der Christnacht und die folgende Nacht hierauf mit dreyen dahin gesendeten Wächtern sich zugetragen. Auf hohen Landes-Fürstl. Special-Befehl zu jedermanns Nutzen publiciret«.*

Außer der Tatsache, daß besagte Zitation der Geister nebst Hebung des Schatzes mißlang, hatten zwei der Beteiligten ihren Fürwitz noch mit dem Leben zu büßen. Der dritte, ein Studiosus, kam ziemlich benommen davon und half die Mär vom teuflischen Eingreifen verbreiten.

Jene Besessene zu Albrechts (nach Suhl eingemeindet) hingegen wurde – nach monatelanger Erblindung und ebenso langem Verstummen – am Weihnachtsabend des Jahres 1621 wieder sehend und fand am Tage darauf, nachdem ein Geistlicher gebetet hatte »Herr, tue meinen Mund auf!«, auch ihre Sprache wieder. Da es sich dabei nur um Hexerei gehandelt haben konnte, wurde denn auch eine von ihr benannte Frau verbrannt.

Um solche Hexen zu enttarnen, braucht man sich nur am Heiligabend auf einen dreibeinigen Schemel aus siebenerlei Nadelholz zu setzen und die Kirchentür im Auge zu behalten. Alles weitere wird sich dann ergeben.

Gespenstisch ging es in dieser Nacht in Steinbach zu, wo zwei unheimliche gläserne Kutschen auftauchten:

»Die eine derselben, von sechs schwarzen Geisböcken gezogen, kommt von der Schäferbergshohle herab und wendet an dem Hause des Schneiders Eberlein im sogenannten Oberland, d. h. in dem oberen Dorfe. Die andere, die mit sechs Rappen ohne Köpfe bespannt ist, rollt von der Altensteiner Chaussee, dem Steier, d. i. dem Steiger, jenem steilen, über die Klippe führenden Fahrweg von Steinbach nach Ruhla herab bis in die Mitte des Dorfes über die Brücke. In dieser letzteren sitzt eine «verwunschene» Prinzessin. Wer dieser unglücklicher Weise begegnet und ihr in das Spinnenwebengesicht mit den hohlen Augen guckt, hat das Jahr über Unglück oder muß wohl gar sterben« (Wucke).

Mit dem Schrecken davon kamen jene drei Spieler, welche auch die Heilige Nacht nicht ausließen. Nachdem sich ihnen plötzlich ein geheimnisvoller Unbekannter hinzugesellt hatte, der nur der Teufel höchstpersönlich sein konnte, verschworen sie von Stunde an »das Kartenspiel auf ewig«. So geschehen im Jahre 1630 zu Salzungen.

Von Weihnachts- und anderen Feuern

Auch in Thüringen wurde früher das Fest der Wintersonnenwende mit Feuern begangen. Ein solches brannte noch im vergangenen Jahrhundert auf der »Eller« in Lauscha. Dazu schwenkte man Fackeln und brennende Besen. Der heidnische Brauch hatte allerdings bereits seine christliche Legitimation. Es hieß, man wolle auf diese Weise dem Christkindlein den gefährlichen Weg von den Bergen herunter ins Tal leuchten.

Das einzige heute noch brennende Weihnachtsfeuer auf dem Antoniusberg bei Schweina erlebte der Sagensammler Witzschel vor mehr als einhundert Jahren so:

»Schon in der Adventzeit bauen die älteren Knaben und jungen Burschen auf dem Gipfel des Berges, worauf vor Zeiten die älteste Dorfkirche stand, aus Steinen, Moos und Rasen eine thurmähnliche Erhöhung, eine Art Pyramide, worauf am Christabend eine starke, oben mit Reisigbündeln versehene Stange aufgesteckt wird. Dann rüstet sich die Jugend des Orts gleichfalls mit Stangen, an deren Enden alte Besen oder Bündel von Holzspänen befestigt sind, um als Fackeln zu dienen. Daher in dieser Zeit kein Besen in Schweina sicher ist. Dunkelt der Abend

Die »Fackeln« für das Antoniusfeuer in Schweina.

und wird das Christfest eingeläutet, so zieht die Schaar der Knaben und Burschen den Berg hinauf und bald lodert die Flamme zum Himmel empor und das Kirchenlied: 'Vom Himmel hoch da komm' ich her' klingt durch die stille Nacht. Um die Hauptflamme scharen sich kleinere Flammen und Lichter zu einem Kranz und zuletzt wird wohl auch noch ein Fackelrennen und Fackelschwingen angestellt, bis die Lichter, allmälig verlöschend, wieder in's Thal zurückwandeln. Unten auf dem Marktplatze wird noch ein Kirchenlied angestimmt. Kirchenlieder, abwechselnd mit Volksliedern werden auch in vielen Wohnungen gesungen, dabei Jubeln und Zechen die ganze Nacht hindurch. Um Mitternacht wird's auf dem Kirchthurme lebendig und zwischen dreimaligen Glockenpulsen wird geblasen und gesungen. Gegen Morgen läutet es zur Frühmette und Alt und Jung, die Kleinen an der Hand und auf den Armen, geht zum Gotteshaus, um sich dort zu erbauen an dem Wort vom ewigen Licht. – Auch im benachbarten Orte Steinbach finden Fackelzüge der Jugend an demselben Abende nach dem Lohberg oder Kirchberg statt, doch nicht mit derselben Theilnahme und gleichen Ausdehnung wie in Schweina. Aber noch im vorigen Jahrhundert soll auch hier in der Christnacht jedes Jahr ein Weihnachtsfeuer angezündet worden sein.«

Ein Geisterfeuer brannte alle Jahre zu Weihnachten auf dem Singer Berg bei Stadtilm. Eine dorthin verbannte Prinzessin soll es entzündet haben. Wer in den zwölf Nächten hier Holz schlug und sich daraus einen Butterstampfer fertigte, konnte mit dessen Hilfe besagte Viktualie vermehren.

Mit der Ehrfurcht vor dem Feuer war immer auch die Angst vor dessen zerstörerischer Wirkung verbunden.

Der Brauch dieses Weihnachtsfeuers soll aus dem 8. Jh. stammen.

Kein Wunder, daß man gerade an den Lostagen versuchte, es zu beschwören und die Gefahr vom eigenen Haus fernzuhalten. Als feuerbannend galten ein toter Kreuzschnabel im Dachgebälk, aber auch ein Reifen aus Erlen- oder Hollunderzweigen, die zu Silvester geschnitten, gebunden und aufgehängt werden mußten.

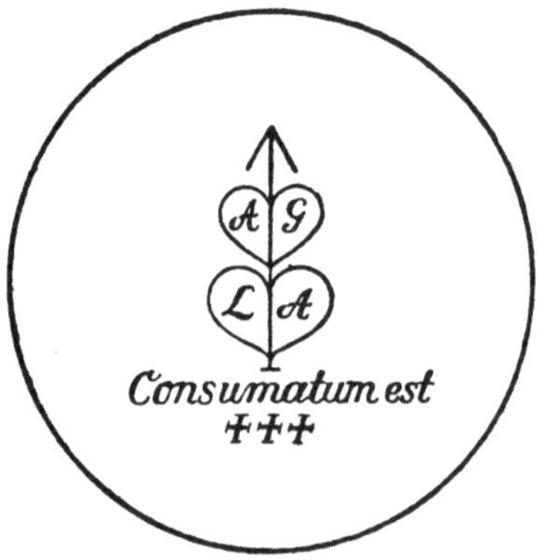

Um sich vor Feuersbrünsten zu schützen, warf man mit geheimnisvollen Zeichen versehene Teller in die Glut.

Im 18. Jahrhundert gehörte der »Feuersegen« zu jedem Haus. Nicht ohne Grund befahl Herzog Ernst August zu Weimar (der sich im übrigen als Alchimist betätigte und – im Ilmenauer Bergrevier – Rutengänger beschäftigte) genau am Weihnachtsheiligabend 1742, *»daß in jeder Stadt und Dorf verschiedene hölzerne Teller, worauf schon gegessen gewesen, und mit Figur und Buchstaben wie der beigefügte Abriß besaget, des Freytags bei abnehmendem Monde mittags zwischen 11 und 12 Uhr mit frischer Dinte und neuer Feder beschrieben, vorrätig seyn, sodann aber, wenn eine Feuersbrunst entstehen sollte, mit den Worten: Im Namen Gottes ins Feuer geworfen, und wofern das Feuer dennoch weiter um sich greifen sollte, 3 mahl solches wiederholt werden soll, dadurch dann die Gluth ohnfehlbar gedämpfet werden wird.«*

Ähnliche Vorbedeutung wie die Weihnachts- hatten auch die Neujahrsfeuer. Generell galt: Auf welchem Hause in der Silvesternacht Feuer erschien, in dem brannte es im Laufe des Jahres. Nicht ganz so schlimme Folgen hatte das Niederbrennen des Herdfeuers in Waldau. Wem solches passierte, dem ging »nur« das Geld aus. Die schlauen Niederpöllnitzer legten deshalb in dieser Nacht immer ein besonders großes Holzstück in den Ofen – was ihnen nicht schwergefallen sein dürfte. Stammt doch von ihnen jener an anderer Stelle mitgeteilte Rat, wie man Holz stehlen kann, ohne sich erwischen zu lassen.

Von den Neujahrsorakeln mit Licht oder Feuer war zweifellos jenes das poetischste, bei dem man in einer wassergefüllten Schüssel Nußschalen mit Wachslichtern (sie symbolisierten jeweils ein Paar) schwimmen ließ. Die Schiffchen trieben entweder aufeinander zu oder voneinander weg.

Wer lieber die Zahl seiner künftigen Freier wissen wollte, brauchte nur Flachswickel aus dem Rocken zu zupfen, sie anzuzünden und in die Höhe zu werfen. So viele wie dabei aufstiegen, so viele Liebhaber erwarteten das Mädchen.

Das Christkindlein und die drei Mohrenkönige nebst weiteren Personen

Auch die thüringischen Weihnachtsspiele und -umzüge würdigten biblische Ereignisse: Christi Geburt, den Tag der Unschuldigen Kindlein mit Herodes' Bluttat und das Erscheinen der drei Könige aus dem Morgenland in Bethlehem. Diese wurden zu einem Zyklus zusammengefaßt. Man agierte zumeist in der jeweiligen Mundart, und die Hirten kamen als Schäfer.

Diese Vorführungen dürften ihren besonderen Reiz in der Spontaneität des Stegreifspiels und der Ausdrucksbreite der Volkssprache besessen haben. Luther jedenfalls mochte diese »freien, lieblichen Komödien« und erhoffte sich von ihnen eine Popularisierung des evangelischen Glaubens: Eine Massenwirkung also. Hans Sachs hatte 1577 mit seiner »Komödie mit 24 Personen, die Empfängnis und Geburt Johannis und Christi« darstellend, das literarische Vorbild geliefert. Im übrigen waren seine thüringischen Erlebnisse nicht die besten. In Erfurt beim Zechprellen erwischt, wurde er ziemlich rabiat von dieser Art Vergeßlichkeit geheilt.

Nur ein paar Jahre nach Sachsens Stück gab es bereits ein thüringisches von Johann Leon aus Ohrdruf, der u. a. Pfarrer in Königsee und Schulmeister zu St. Michael in Erfurt war: »Die Weisen aus Morgenlandt«.

Ein Jenenser Weihnachtsspiel mit dem opulent-barocken Titel »*Ein holdseliges und ganz liebliches Gespräch von der heiligen Christfahrt, wie sich der fromme heilge Christ mit seinen lieben Ertz-Engeln und andern Heiligen gegen jetzt künftigen heilgen Christ-Abend auf seinen himmlischen Kammer-Wagen und güldnen Schlitten herumb zu fahren gefaßt hat: auch wie er allen frommen, gehorsamen und gottseligen Kindlein vielerlei schöne Christ-Bescherung mitbringen und schenken werde usw.*« datiert aus dem Jahre 1666. Martin Wähler hat in seinem materialreichen Aufsatz dazu einen interessanten Zusammenhang aufgezeigt: Der heilige Christ benutzte offenbar das gleiche himmlische Gefährt wie Frau Perchta mit ihren Heimchen. So fallen auch hier heidnisch-germanische und christliche Vorstellungen zusammen.

Die abenteuerlichen Gestalten, die um die Weihnachtszeit durch die Ortschaften zogen, mögen zuallererst ihre Heischegaben im Sinn gehabt und das Jesuskind nicht selten in ziemlich unmögliche Situationen gebracht haben. Im § 6 der Landes-Polizei-Ordnung von Sachsen-Weimar aus dem Jahre 1706 hieß es dazu:

»*Und wie ohnlängsthin auf Unsern Fürstlichen Befehl aus unserm gesamten Ober-Konsistorio die vor denen heiligen Weihnachts-Feier-Tagen bishero gewöhnliche Praesentierung des sogenannten Heiligen Christs wie auch das Umgehen mit dem Stern, nicht weniger das Anschlagen und Singen zur Abend- und Nachtzeit vor den Fenstern außer den ordentlichen Schulchören wegen vielerlei dabei vorgegangener Exzessen und Profanierung geistlicher Dinge abgeschaffet worden, so bleibet es dabei nicht unbillig, fernerweit, und es soll ein solches alles... nochmalen ernstlich verboten sein, auch jeder so dawider handelt, mit einem Taler gestrafet werden*«.

In Gera machten 1763 Schüler der Landesschule die Straßen der Stadt eine ganze Woche lang zur Bühne für

Die heiligen drei Könige mit ihrem Stern,
sie essen, sie trinken und zahlen nicht gern.

ihr »heiliges Christ-Spiel«. Von den dreizehn Akteuren wurden drei zu Karzerstrafen verurteilt, erhielten aber auf ihr »wehmütiges Bitten« hin die Strafe erlassen.

Wie sehr diese eigenartigen Weihnachtsspiele dem Mammon verpflichtet waren, beweist ihre der biblischen total in die Quere laufende Dramaturgie. Der – statt des eben erst geborenen Jesulein – erwachsene Christus war in erster Linie auf Geschenke aus. Dafür hatte er schon damals seinen Mann: Knecht Ruppertus in Gera und in Jena Hans Pfriem – eine Art Hanswurst aus dem Repertoire der herumziehenden Komödianten.

Im Meininger Oberland geriet das Christspiel ebenfalls zum Ärgernis. 1730 wurde allen daran Beteiligten 3 fl. Strafe mit der Begründung angedroht, es sei *»ein mit stetiger Unordnung, Unfug und anderen Werken der Finsternis verknüpftes, bloß allein auf verdamml. Geldschneidereien und Agenten sein Absehn habendes Unwesen«* geworden. Neun Jahre später wurde es zwar noch einmal erlaubt, jedoch mit der Auflage verbunden, »tolles und unanständiges Gesindel« auszuschließen. Da dies offenbar wenig half, wurde die Strafandrohung drastischer:
»Wo sich aber einzelne Personen oder mehrere zusammen in sogenannter Herzogs-Claßen Verkleidung und dabei nächtlicher Weise auf den Gassen herumlaufen oder in Häusern sich einschleichen würden, (sollen, E.-O. L.) diese sogleich in Arrest gebracht und mit 14 Tagen Gefängnis bestraft« und dort bei »Wasser und Brod« gehalten werden.

Ludwig Richters »Dreikönigslied« ist eine bildnerische Replik auf Goethes Scherzvers: Die heiligen drei Könige mit ihrem Stern,/sie eesen, sie trinken und zahlen nicht gern./Und wenn statt dreien ein vierter wär,/ so wären es keine drei Könige mehr.

Alles in allem erwies sich die Verknüpfung von heiligem Mäntelchen und profaner Absicht – trotz aller Verbote – als recht lange erfolgreich. Bis ins 19. Jahrhundert hinein waren derlei Stücke und Umzüge in Thüringen im Schwange. Agiert wurde unter anderem im Amt Gerstungen, im Altenburgischen und in der Rhön.

Wie das Christkindlein von der erwachsenen Jugend in Oberkatz gespielt wird am Christheiligenabend

Der Vorläufer

(ist weiß gekleidet, hat an seinen Hosen Streifen von Goldpapier, um die Lenden ein rothes Band, auf dem Haupte einen weißen Papphut mit Sternen von Goldpapier und einen weißen Busch daran und führt in der Hand eine mit Goldpapier überzogene Peitsche. Nachdem er sich beim Eintritt in die Stube höflichst verbeugt hat, spricht er):

Guten Abend, guten Abend, Glück herein!
Hier schicken mich die lieben Christkindelein,
Ich sollte fragen, ob's die Hausleute zufrieden sein,
Daß die lieben Christkindelein sollen kommen herein.

(Hat der Vorläufer eine zusagende Antwort erhalten, so geht er hinaus in den Hof und klatscht mit der Peitsche so lange, bis seine Mitspieler kommen, denen er dann mittheilt, daß sie in das Haus eintreten dürfen.)

Der erste Schäfer

(in der Kleidung eines gewöhnlichen Schäfers, hat aber viel Wolle um den Hals und den Schöppenstiel mit Silberpapier umringelt):

Guten Abend, guten Abend, ihr lieben Leut',
Verzeiht mir meine Grobheit,
Daß ich so schnell hereingetreten komm';
Es ist sehr kalt draußen,
(Reibt sich die Hände.)
Hände und Füße mögen Einem erfrieren.
Simon, Simon, komm' auch herein!

Der zweite Schäfer:

Ja, ja, wenn's nur die Hausleute zufrieden sein.

Der erste Schäfer:

Simon, siehe einmal, es ist schön warm allhier.

Der zweite Schäfer:

Ja, ja, Bruder Schäfer, beim Ofen, das glaub' ich dir;
Ich wollte, daß ich schon wieder draußen wäre.

Der erste Schäfer:

Simon, Simon, ziehe einmal deine Sackpfeife heraus
Und sieh' doch nicht so sauer aus.
(Die Pfeife steckt in einem Ranzen, welchen der zweite Schäfer anhängen hat, und besteht aus einer kleinen Mangerolle, die mit Gold- und Silberpapier umringelt ist.)

Der zweite Schäfer:

Ja, Bruder Schäfer, gleichwohl wollte ich dir ein's machen auf meiner Sackpfeife, aber sie ist mir eingefroren und hab' auch noch die Huppstange verloren.

(Dabei zieht er die Pfeife etwas aus dem Ranzen heraus.)

Der erste Schäfer:

Simon, sieh einmal, was guckt da draußen herein,
Ich meint', es wär' das liebe Christkindelein.
(Die Sonne sieht zur Thüre herein.)

Der zweite Schäfer:

Ja, ja, bei meiner Sackpfeife, es scheint's zu sein.

Die Sonne

(ist ein Mädchen in einem weißen, mit zahlreichen Bändern geschmückten Kleide und einem Papphut; daran sind viele Sterne und Bänder von Goldpapier und am Hute eine blecherne Laterne angebracht, deren Deckel in einen Stern ausgeschnitten ist, so daß das darin befindliche Licht sternförmig ausstrahlt. In der Hand hat sie einen Tactirstock, auch mit Bändern geschmückt. Sie spricht):

Ich bin die Sonn', geb' klaren Schein,
Das danket eurem Jesulein,
Der euch all' eure Tritt' und Schritt',
Auch eure Leib und Seel' behüt'.

Der Engel

(gekleidet wie die Sonne, nur hat er in dem Hute kein Licht und anstatt des Tactirstockes einen sehr langen, ganz mit Gold- und Silberpapier überzogenen und mit einer Fahne von Bändern versehenen Stock):

Ihr faulen Schäfer, was liegt ihr hier
Auf diesem großen Ehrentag,
Da Christus der Herr geboren ist,
Der euer Hirt und Heiland ist?
(Beim Eintritt des Engels fallen die Schäfer, die bis jetzt am Ofen sich gewärmt, auf die Knie.)

Der erste Schäfer:

Und wem ist dies zu gut gescheh'n,
Und wem soll dieser Trost angeh'n?

Der Engel:

Euch, euch und aller Welt;
Jetzt kommt der große Jakobsheld.

Der erste Schäfer:

Ei, so wollen wir singen eins.

Die Sonne:

Und ich schlage den Tact d'rein.
(Die beiden Schäfer richten sich empor und singen in Gemeinschaft mit dem Engel und der Sonne einen beliebigen Vers eines Weihnachtsliedes.)

Der König aus dem Mohrenlande
(bekleidet mit einer weißen Hose, einem Frack mit Silberpapier ausgeschmückt und einem Napoleonshute aus Pappe mit schwarzem Papier überzogen, worauf von Gold- und Silberpapier geschnittene Sterne geklebt sind; auf beiden Seiten ist ein Stern ausgeschnitten, damit man das Wachslichtchen brennen sieht, das in dem Hute selbst sehr vorsichtig angebracht ist; an der Seite hängt ihm ein langer Säbel. Er führt die Maria in die Stube, zieht den Säbel und spricht:)

Jetzt kommt der König aus Mohrenland
Und bringt die Maria an der Hand,
Thut ihr verehren Gold, Weihrauch und Myrrhen,
Damit sie das liebe Christkindlein thut myrrhen.
(Der König tritt nun der Sonne und dem Engel gegenüber und präsentirt mit dem Säbel.)

Der König Herodes
(gekleidet wie der König):

Bist du der König aus Mohrenland,
(fährt mit seinem Säbel an den des Königs, daß es einen hellen Klang gibt)
Bin ich Herodes, ein Vierfürst genannt,
Euch, euch zu fragen insgesammt,
Ob ihr gesehen und erkannt
Den hellen Stern in eurem Land'.
So ziehet hin und forschet fein
Gar fleißig nach dem Kindelein,
Und wenn ihr's findet, so sagt mir's auch,
Daß ich's anbete nach meinem Brauch.
(Herodes tritt neben den König und präsentirt ebenfalls mit dem Säbel.)

Maria
(ist in gewöhnlicher Bauernkleidung; in einem Kindermantel trägt sie eine Wiege, auf dem Kopfe ein seidenes

Tuch; das Wiegenbettchen von seidenen Stoffen, darin eine geschmückte Puppe, die das Jesuskindlein vorstellt. Ist sie in die Stube getreten, thut sie die Wiege hervor, läßt die anwesenden Kinder wiegen so lange, bis Herodes mit Sprechen fertig ist, dann spricht sie):

Josef, Josef, mein alter Mann,
Wird sein' Sach' schon zeigen an.

Josef

(ist wie ein alter Mann gekleidet, trägt einen dreieckigen Hut mit Federbusch, ein Winkeleisen, eine Schnupftabaksdose, daraus er die Zuschauer schnupfen läßt, die ihm dafür eine Belohnung an Geld in die Dose legen. Schon draußen und beim Hereingehen hustend, spricht er):

Was soll ich euch viel Sagens machen,
Ihr wißt ja selber wohl die Sachen,
Daß in einem finstern Stall,
Wo Ochs und Esel liegen all',
In der Krippe, in der Wiegen
Das liebe Christkindlein thut liegen.
Ich zimmere täglich auf dem Land,

(bei diesen Worten setzt er sich an den Tisch und malt mit Hilfe des Winkeleisens ein Haus)

Doch Armethei geht vor die Hand,
Ich leb' in einem traurigen Stand
Und ziehe nach Egyptenland.
Petrus, Petrus, komm' auch herein
Und schlag' mit deinem großen Schlüssel d'rein!

Petrus

(hat schwarze Hosen mit Silberstreifen, eine dergleichen Jacke, gewöhnlichen Hut, ganz mit Silberpapier überzogen, in der Hand einen hölzernen Schlüssel, ebenfalls mit Silberpapier überzogen. Er schlägt damit auf den Tisch und spricht):

Mein großer Schlüssel klinget nicht,
Die bösen Kinder gehorchen nicht;
Wenn sie des Morgens früh aufsteh'n und beten gern,
So will ich ihnen die Himmelsthür aufschließen gern.
Flugs, Flugs, komm' auch herein!

Flugs

(Kleidung des Engels; statt eines Stabes eine Birkenruthe in der Hand, unter seinem weißen Kleide um die Lenden ein Schellengeläute, das er jedesmal hören läßt, wenn ein Mitspieler in die Stube tritt. Sobald er selbst eingetreten ist, so muß er in drei Sprüngen bis an den Tisch kommen. Er spricht):

Flugs, flugs fleucht man zur Himmelsthür herein,
Es muß erst recht gebetet sein,
So komme ich mit Unbedacht,
Schlag' d'rauf, daß die Haut kracht.
(Schlägt mit der Ruthe auf den Tisch.)
Zitter, Zeter, Scorpion,
Daß sie schreien Mordion.
(Darauf läßt er die Kinder in der Stube beten.)

Das Christkind

(ein Mädchen, gekleidet wie der Engel, hat aber statt des Hutes ein seidenes Tuch über den Kopf hängen, in der einen Hand eine Birkenruthe, in der andern ein Körbchen mit Nüssen):

Hört, ihr Kinder, euretwegen
Bin ich jetzt und hier zugegen,
Daß ich meinen Abgesandten,
St. Nicolaus Rupperich ist auch vorhanden,
Dem ich seinen Willen ehre,
Den ihr jetzt und bald sollt hören.
Komm herein, St. Nicolas, mein frommer Mann.

(Läßt die Kinder beten, gibt ihnen Nüsse, wobei es auch nicht an Hieben fehlt.)

Der Herscheklas

(hat einen großen Mantel um, spitz auslaufenden Hut mit Papierfranzen, eine hölzerne Larve, eine geflochtene Birkenruthe in der Hand und spricht):

Ja, ja, wer mich fromm lassen kann!
Wums! Ist die Losung hier,
Nach bösen Menschen (Kindern) ich spür';
Hausvater, Hausmutter! wie haben sich eure Kinder verhalten?
Ist Mangel vorgefallen, so saget mir's, so wollen wir gleich eine Probe mit ihnen machen.

(Läßt nur Erwachsene beten und straft mit Bibelsprüchen, aber auch mit der Ruthe. Im Weggehen spricht er noch):

Ihr Kinder, nehmt euch wohl in Acht
Und seid auf euer Heil bedacht,
Und wenn ihr nicht wollt werden fromm,
So will ich heute über acht Tage wieder komm'.

Zuletzt noch ein Wort zu den geheimnisvollen Weihnachtstänzen, die der Minnesänger Tannhäuser (13. Jahrhundert) erwähnt. Das Saalfelder Stadtrecht bezeugt, daß sie – um 1400 noch – gegen Entgelt abgehalten wurden. Auch andere Tänzer agierten in Thüringen; vor allem zur Fasten-, aber auch zur Weihnachtszeit. Die älteste Nachricht darüber datiert aus dem Jahre 1557.

»Um Weihnachten 1625 kamen junge Leute in den Ortschaften der damaligen hennebergischen Ämter Fischbach und Kaltennordheim auf den Gedanken, sich als Schwerttänzer etwas zu verdienen. Sie wandten sich deshalb an den Amtmann zu Kaltennordheim und stellten ihm vor, dass sie jetzt weder mit Dreschen, noch mit sonstiger Handarbeit etwas erwerben könnten, und baten, daß ihnen von Amtswegen verstattet werde, durch Ausführung von Schwerttänzen milde Gaben zu erlangen« (E. Koch). Dem Anliegen wurde stattgegeben, aber der Preis war hoch. Der Diedorfer Pfarrer beschied den Schwerttänzern von der Kanzel, daß sie »künftighin gar nicht als Christen angesehen werden sollten«.

»In der Neujahrsnacht / Hört' ich, wie mit Macht Flintenschüsse knallten . . .«

F. Rückert

Ja, das waren Zeiten, als man auch in Thüringen mit Pistolen und Gewehren das neue Jahr einschoß! Freilich muß auch die Gefahr groß gewesen sein, gleich in der ersten Stunde des beginnenden Jahres den Tod durch Erschießen zu erleiden, weswegen die Obrigkeit einschritt (im Eichsfeld bereits 1773). Was danach kam und noch ist, wissen wir: die Feuerwerkskörper und Knaller. Davor jedoch gab es eine wesentlich einfachere, billigere und auch sichere Art, den nötigen Krach zu erzeugen und sämtliche Geister zu vertreiben: Man erzeugte – durch Peitschenknallen – einen »Heidenlärm«. In Hötzelsroda bei Eisenach schwangen am Silvesterabend die alten Knechte ihre Peitschen, am Neujahrstag die neuen. In Eishausen, nahe Hildburghausen, residierte zu Beginn des 19. Jahrhunderts ein geheimnisvolles Paar, das sich völlig abschloß und der Öffentlichkeit die größten Rätsel über seine Herkunft aufgab. Viele Indizien sprechen dafür, daß es sich bei der Dame, die nie ihr Gesicht zeigte und keinerlei Kontakt pflegte, um »Madame Royale«, die Tochter des durch die Revolutionäre guillotinierten französischen Königspaares gehandelt hat. Jedenfalls muß die »Dunkelgräfin« ständig in Angst und Schrecken gelebt haben. Warum sonst hätte ihr Begleiter der Eishausener Jugend das Neujahrsschießen verbieten lassen?

Da der Silvesterabend – neben St. Andreas – der wichtigste Lostag gewesen ist, ähneln sich die jeweiligen Spiele und Orakel – so auch nachfolgende Anleitung zur Erforschung des Schicksals:

Die Musikanten, hochdroben auf dem Kirchturm, blasen das neue Jahr mit einem Choral ein.

»In der Neujahrsnacht decke einen Tisch mit zwölf Tellern, thue auf 1 helles Wasser, auf 2 trübes Wasser, auf 3 eine Kohle, auf 4 ein Wanderbündel, auf 5 einen Brautkranz, auf 6 einen Schlüssel, auf

7 ein Brod, auf 8 eine Feder, auf 9 eine Puppe, auf 10 einen Ring, auf 11 ein Buch, auf 12 ein Werkzeug. Hierauf umkreise den Tisch dreimal mit geschlossenen Augen und greife jedesmal auf einen Teller. Greifst du nun helles Wasser, so bedeutet es Freude, in trübes Wasser, Krankheit; greifst du die Kohle, Trauer; den Wanderbündel, Wegzug; den Brautkranz, Hochzeit; den Schlüssel, eine Erbschaft; das Brod, ...; die Feder, einen mit der Feder beschäftigten Mann; die Puppe, angenehme Hoffnungen; den Ring, Verlobung; das Buch, einen Gelehrten; das Werkzeug deutet man nach der Bestimmung desselben.«

Der Neujahrsnacht gehörten folgende Orakel:

Die Mädchen schälten einen Apfel, ohne daß die Schale zerriß, warfen diese hinter sich und deuteten aus ihrer Form den Anfangsbuchstaben des zukünftigen Liebhabers. Auch schlugen sie Eier in kochendes Wasser und prophezeiten aus dem geronnenen Eiweiß ihr Schicksal. Ein über einen Erlenbaum geworfenes und dort oben liegengebliebenes Stück Holz signalisierte baldige Hochzeit (Neusitz). Falls die Entscheidung zwischen drei künftigen Liebhabern schwer fiel, brauchte die Betreffende nur deren Namen auf einen Zettel zu schreiben und in der Neujahrsnacht zwischen 23.00 Uhr und 24.00 Uhr einen davon auszuwählen: es war garantiert der rechte. Hörte ein Mädchen zwischen dem alten und dem neuen Jahr Hundegebell, so heiratete es bald in diese Richtung hin (Camburg). Auch wurde sie demnächst Braut, wenn sich ein Kopfhaar von ihr, in einen Teller mit Wasser gelegt, ringelte.

Gleich mehrere Orakel zu diesem Zweck sahen die Mädchen in den Holzstall gehen und einen Arm voll Holz holen, das erst drinnen gezählt werden durfte. Bei einer geraden Zahl stand die Vermählung bevor. Andere warfen von dem Holz ein, zwei Scheitchen ab. Blieb zuletzt ein Paar übrig, so war es gewiß, daß sie im kommenden Jahr heirateten. Waren es aber ein Scheit und ein Span, so reichten sie einem Witwer ihre Hand. Auch am Neujahrsmorgen während der Frühkirche wurde Holz in die Küche getragen. Die Mädchen erblickten bei dieser Arbeit ihren künftigen Bräutigam.

Ein in dieser Nacht oft geübtes Spiel war auch, Buchstaben an die Tür zu schreiben und mit verbundenen Augen nach ihnen zu greifen: So erfuhr man den Namen des Zukünftigen (Sonneberg). Nicht ohne erotische Hintergründe mag jene Anweisung gewesen sein, mit einem neuen Besen und völlig unbekleidet die Stube zu kehren. Bei solchem Anreiz war es kein Wunder, wenn mindestens ein Mannsbild auftauchte. Andererseits gab es auch neugierige Weiber, die es nicht erwarten konnten und darüber – wie auch immer – zu Tode gekommen sein sollen. Solche, die den Beruf ihres späteren Ehemannes erfahren wollten, brauchten in dieser Nacht nur einen Baum zu schütteln und auf das hernach zu hörende Geräusch zu achten, das diesen offenbarte.

Neben diesen vornehmlich alleinstehenden Frauen nützlichen Ratschlägen gab es zu Silvester auch noch eine ganze Reihe über jene Herzensangelegenheiten hinausgehende Orakel. Damals wie heute war es wichtig für die Menschen, neben einem mehr oder minder vollen Magen auch eine warme Stube zu haben. Holz wuchs zwar genug, nur kostete das Geld – das sie nicht besaßen; dafür jedoch einen verläßlichen Zauber. In Mäbendorf bei Suhl war man felsenfest überzeugt: Wer in der Neujahrsnacht von einem fremden Hof ungesehen ein Stück Holz zu stehlen vermochte, durfte gewiß sein, daß er auch im neuen Jahr bei allem, was er aus dem Wald heimbrachte, vom Förster nicht erwischt wurde.

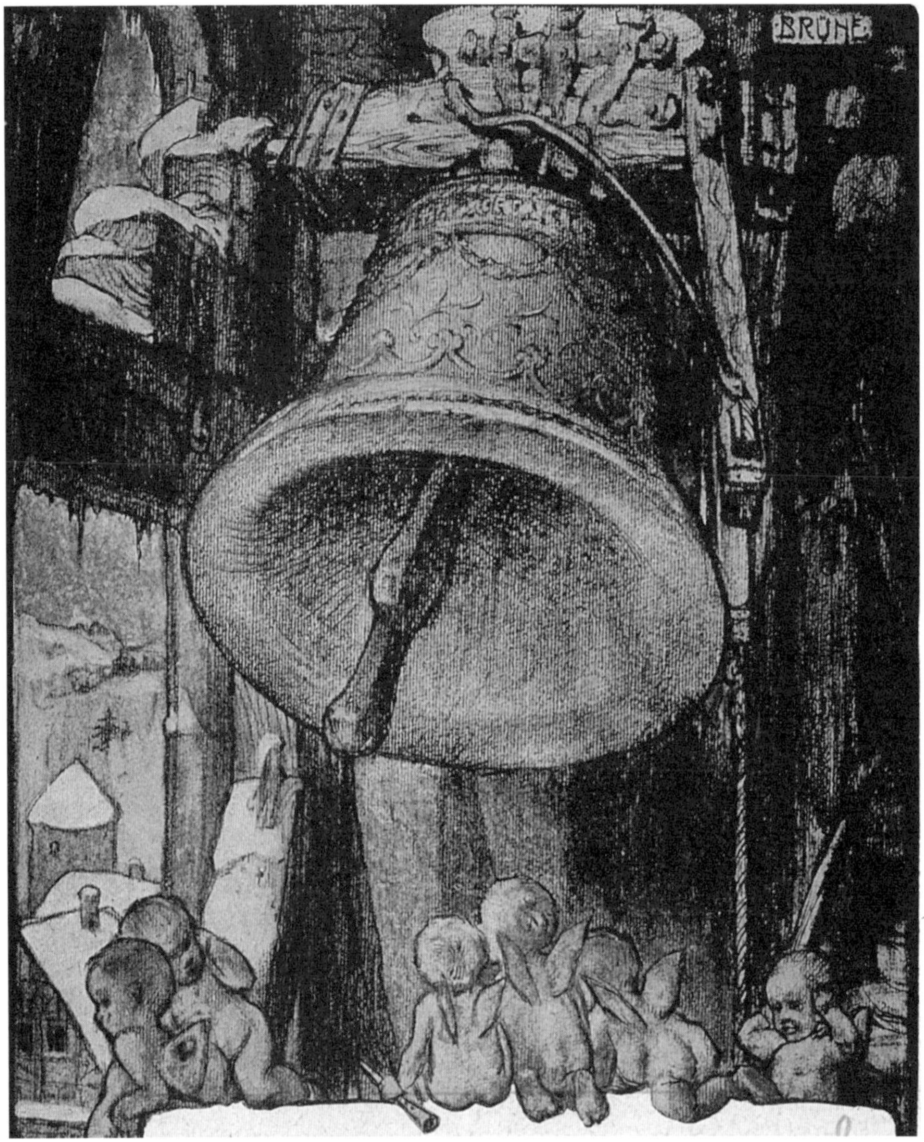

Die Glocken läuten das neue Jahr ein . . .

Auch war dieser Zeitpunkt geeignet, sich vor Krankheiten zu schützen beziehungsweise sie zu heilen. In Herda ging man zu diesem Zweck zwischen 23.00 Uhr und 24.00 Uhr nackend auf den Friedhof und holte im Namen Gottes des Vaters Moos von den hölzernen Kreuzen. Das ungewöhnliche Mittel stand in dem Ruf, Gicht und andere Leiden verschwinden zu lassen. Dazu ein weiterer Tip: Es lohnt sich, ein zu Weihnachten geschenktes Hemd erst am Neujahrsmorgen überzustreifen: So bleibt man das Jahr über vor ansteckenden Krankheiten geschützt (Sonneberger Gegend).

Wer sozusagen mit Sicherheitsgarantie in das neue Jahr kommen will, der ersteige einen Stuhl und springe vor dem Glockenschlag 24.00 Uhr herunter und ins Neujahr. Der Tip stammt aus Plaue bei Arnstadt.

Diejenigen aber, die mehr wissen wollen, als der Mensch wissen sollte – sprich: dem Tod in die Karten sehen möchten – sind selber schuld an ihrem Unglück:

Wer in der Neujahrsnacht um 24.00 Uhr im bloßen Hemd stillschweigend rücklings zu seinem Haus hinaus in den Hof geht, sieht über den Häusern des Ortes, in dem das Jahr über jemand sterben wird, dessen Sarg.

Und: Wer in der Neujahrsnacht zum Fenster hinaussieht und vor dem Hause gegenüber schwarzgekleidete Männer erblickt, muß sterben.

Schließlich: Wer zu Silvester um Mitternacht durch das Schlüsselloch der Kirchentür schaut, sieht darin jene sitzen, die im neuen Jahr der Tod ereilen wird (Titschendorf bei Schleiz).

Auch das Neujahrsläuten war in manchen Dörfern mit einer gewissen Vorbedeutung verbunden. Hatte die große Glocke den letzten Ton, starb als nächstes ein Erwachsener, im Falle der kleinen ein Kind.

Gerade in einem Musikland wie Thüringen wurde und wird das neue Jahr musikalisch begrüßt. Dazumal zogen die Adjuvanten von Haus zu Haus, boten – mit oder ohne Instrumentalbegleitung – ihre Lieder dar und erheischten Gaben. Da einige in fremden Revieren wilderten – das heißt, auch in anderen Dörfern auftraten – wurde dies unter Strafe gestellt (das erste Verbot wider das Neujahrssingen in Thüringen datiert aus dem Nordhausen des Jahres 1308). In Orlamünde ging der Hausmann zu Neujahr durchs Dorf, blies mit seinen Leuten ein Stück ab und erhielt dafür eine Belohnung. In Kleinvargula galt das erste Ständchen im neuen Jahr dem Gemeindebrunnen, während der Gesangsverein in Haussömmern ein Kalb zu gemeinsamem Mahle schlachtete.

Große Geschenke erhielten die Adjuvanten nur im Märchen oder in der Sage. So jene Farnröder Neujahrssänger, die sich auch durch Nacht, Schnee und Kälte nicht davon abbringen ließen, der Prinzessin im Wittgenstein ein Neujahrsständchen zu bringen. Umso dürftiger schien der Lohn: ein Stück Fleisch. Derjenige, der eher zufällig einen Happen davon mit nach Hause brachte, erlebte sein goldenes Wunder…

Im übrigen scheint es zu Neujahr des Singens nicht einmal zu bedürfen, um in den Genuß unerwarteter Gaben zu kommen. So zum Beispiel im Falle jener Magd zu Oberschönau, die – den Scherz einiger Leute wörtlich nehmend – auf den Großen Hermannsberg ging, um Wein zu holen und tatsächlich mit einer Flasche uralten Gesöffs zurückkam, wie es noch niemand gekostet hatte.

Auch Verwunschene können in dieser Nacht erlöst werden: Die weiße Jungfrau, die alle Jahreswechsel aus dem sich öffnenden Basaltblock der Stoffelskuppe (Werra) hervortritt, wartet noch immer auf ihren Erretter…

Auf daß Vieh und Korn gedeihen . . .

Zu Weihnachten, Silvester oder Dreikönige bekam auch das Vieh etwas Besonderes; so eine Extraportion Salz und Wermut. Im Vogtland erhielt jede Kuh ein Stück Brot. Das Festessen der Hühner bestand aus Hirse. Nicht ratsam war es, während der zwölf Nächte ein Licht in den Stall zu bringen beziehungsweise Fremden Einlaß zu gewähren. Auch verkaufte man in dieser Zeit keinerlei Lebensmittel aus eigener Produktion. Milch, Käse, Eier oder Sauerkraut wegzugeben, bedeutete Unglück.

Ein am Heiligabend mit Heu gefüllter Korb, der über die heiligen drei Nächte hinweg im Freien zu stehen hatte, wurde am Dreikönigstag verfüttert. Im Meininger Oberland mußte das Heu nur zur Christnacht draußen bleiben und wurde dann Schlag 24.00 Uhr dem Vieh gegeben. In Drößnitz vergaß man nie, sich an diesem Tag die Stiefel zu schmieren; ansonsten fiel garantiert ein Stück Vieh. In der Rhön wälzten sich die Bauern in der Christnacht auf unausgedroschenem Erbsstroh und mischten dann bei der Aussaat diese Erbsen unter die anderen, um den Ernteertrag zu erhöhen.

Im Werratal sammelte man während der zwölf Nächte die Asche im Ofen, um sie später unter den Leinsamen zu streuen. Man war überzeugt, daß dies das Wachstum anregt. Einer ebenfalls für diese Gegend gültigen Bauernregel zufolge zeigt der erste Weihnachtsfeiertag das Wetter der Heu- und der zweite jenes der Schnitternte an.

1521 druckte man in der berühmten Offizin »Zum Schwarzen Horn« in Erfurt ein sechzehnseitiges Büchlein mit dem Titel »Der bawren practica«; die darin enthaltenen Prophezeiungen richten sich nach den Wochentagen, auf die jeweils das Weihnachtsfest fällt. In Schwarzburg-Sondershausen leitete man von jeder der zwölf Nächte die monatliche Witterung des nächsten Jahres ab. Und in Tiefenort hieß es:

»Wie zu Weihnachten die Schneehaufen, so im Herbst die Kornhaufen; wie Neujahr knittern die Fuhrmanns-, so im Sommer die Kornwagen.«

In fast allen Gegenden Thüringens wurden zu den heiligen drei Nächten die Bäume geschmückt oder gepeitscht. Nicht nur in Mackenrode bei Nordhausen war man davon überzeugt, daß sowohl die Tiere als auch die Bäume »rammelten«. Wenn eine werraische Bäuerin zu mitternächtlicher Stunde in den Garten ging und mit einer Rute die Bäume schlug, sprach sie dazu:

»Ich schüttel dich, ich rüttel dich, du sollst mir tragen, daß die Äste beugen sich!«

Im Orlamündischen glaubte man: In der ersten Stunde des neuen Jahres schlagen die Bäume aus. Der Zauber verschwindet mit dem Glockenschlag Eins. Auch ging die Mär von einem Wunderbaum, der zwischen dem alten und neuen Jahr gleichzeitig Blüten und Früchte trägt.

In der Neujahrsnacht schüttete man den Inhalt einiger mit verschiedenem Getreide gefüllter Gefäße auf den Tisch. Am nächsten Morgen las man dann das Korn wieder hinein. Je nachdem, ob es nun mehr, weniger oder gleichviel Raum einnahm, wurde für die betreffende

Getreideart eine gute, schlechte oder mittelmäßige Ernte abgeleitet. In Tiefenort glaubte man das Wachstum des Flachses dadurch beeinflussen zu können, indem man zu Neujahr ein neues Hemd anzog. Dagegen signalisierten Trockenheit und Kälte an diesem Tag den Ausfall der Flachsernte. Kam dann noch Sturm dazu, so konnte man darauf wetten, daß der Wind im August das Obst von den Bäumen fegen würde (Schwarzburg-Sondershausen). Die Steinbach-Hallenberger wünschten sich am Neujahrsmorgen der Ernte wegen zumindest einen Sonnenstrahl auf den Altar. In Hildburghausen schließlich glaubte und reimte man:

Ist die Neujahrsnacht still und klar,
deutet das auf ein gutes Jahr.
Neujahrsröte
macht viele Nöte.

Frau Holle – die »Frau mit der Potznasen . . .«

Auch wenn die Hessen behaupten, daß Frau Holle zum Hohen Meißner gehört, wissen es die Thüringer besser und kennen den Hörselberg bei Eisenach als der winterlichen Alten Aufenthaltsort. Wenn sie sich den Menschen zeigt, dann nur ein einziges Mal im Jahr und ebenfalls im Thüringischen, nämlich in Schnett (Hildburghausen).

Mit Einbruch der Dunkelheit tauchen dort die sogenannten »Hulleweiber« auf: Furchterweckende Gestalten in langen weißen Hemden, mit einer Papiertüte auf dem Kopf und einer schrecklichen Maske auf dem Gesicht und die Nase über die Maßen lang. Letzteres Kennzeichen ist wahrscheinlich das einzige verläßliche der Frau Holle. Schon Luther, der sie – als Konkurrenz des Heiligen Christ – nicht mochte, hat sie uns als *»Frau mit der Potznasen, die umhängt ihren alten Treudelmarkt, den Strohharns und scharret daher mit ihren Geigen«* überliefert.

In Schnett erscheint die Holle gleich mehrfach und in Begleitung je eines Gertenträgers. Die Rechnung ist ganz einfach: Man teilt sich die Arbeit (sprich: das Einsammeln der Gaben) – wie es in unserer Zeit gang und gäbe ist. Ganz oben in der Hierarchie dieser abenteuerlichen Gestalten stehen (nomen est omen!) die »Ströherne« und die »Wilde«. Nachdem auch letztere früher Stroh trug, folgt sie jetzt dem allgemeinen Drang zur Entblößung und gibt sich – von einem jungen Mann dargestellt – bis auf eine kurze Hose unbekleidet und rußgeschwärzt.

Wer dies alles miterleben will, tut gut daran, recht früh in Schnett anzureisen und sich einen Gaststättenplatz zu sichern. Dorthin zieht es die »Hulleweiber« garantiert!

Historische Aufnahme von einem furchterweckenden »Hulleweib«.

Vor Jahren noch versuchten vornehmlich ältere Frauen aus dem Kostüm der »Ströhernen« ein paar Halme zu ergattern, um damit das Nest ihrer Hühner zu polstern und so das Weglegen der Eier zu verhindern.

Auch in Veilsdorf war die »Hullefra« bekannt. Ihr Steckbrief lautete: lange Nase, weißes Kopftuch, schwarzer Mantel, einen Korb mit schwarzen Katzen auf dem Rücken und in der Hand Sichel und Wetzstein. In Unterkatz bei Meiningen wurden die »Hulleweiber« nicht von Männern, sondern von Frauen verkörpert.

Vom Betten- und Schneemachen abgesehen, ist der Frau Holle irdisches Agieren auf die Zeit zwischen Weihnachten und dem Dreikönigstag begrenzt. Letzteres Datum, der 6. Januar, trägt sogar ihren Namen: die »Hullenacht«.

Mit den Spinnerinnen hatte sie es ganz besonders. Ihr zuliebe legten die Mägde in Thüringen ihren Spinnrocken aufs neue an, umwanden ihn mit Werg oder Flachs und ließen ihn über Nacht stehen. Sah dies die vorüberziehende Frau Holle, versprach sie:

So manches gute Haar,
so manches gute Jahr.

Fand sie aber zu Drei Könige, dem Tag ihrer Rückkehr in den Hörselberg, immer noch Flachs auf dem Rocken, lautete ihre Prophezeiung:

So manches Haar,
so manches böse Jahr.

Kein Erbarmen hatte die Holle mit jenen, die am 6. Januar und ihr zu Ehren keine »Zampe« und »Polse« auf den Tisch brachten: Sie schnitt ihnen den Leib auf, holte das, was von dem anderen Gericht noch übriggeblieben war, heraus und packte statt dessen Stroh und Steine hinein. Als Operationsinstrument bediente sie sich einer Pflugschar und anstelle des Zwirns einer Kette.

Spinnräder (das rechte für zweihändiges Spinnen) aus Neunkirchen und Ifta bei Eisenach vom Anfang des 19. Jahrhunderts.

Manchmal allerdings kam ihr die Nachlässigkeit der Mägde auch zupaß. Im Orlagau hielten sich hartnäckige Gerüchte, sie wische sich mit dem nicht abgesponnenen Flachs den Hintern ab. Ganz schlimm reagierte sie, wenn sie während der zwölf Nächte – trotz des Verbotes – spinnende Frauen entdeckte. Machte, daß die Kühe dieser Leute statt Milch Blut gaben und ihr Garn ungleich wurde und zerriß. Wer glaubte, seine Türen vor dieser unerbittlichen Kontrolleurin verschließen zu können, der ging gründlich fehl. Die Holle kam auch durch die Fenster herein.

Wenig Respekt vor der Gestrengen zeigten die Frauen in der Rhön und im Werratal. Sie spannen ausgerechnet zwischen Weihnachten und Neujahr ihren besten Zwirn. In Großenlupnitz wurde zu dieser Zeit nicht nur gesponnen, sondern auch gewebt. Das Tragen von aus diesem Stoff gefertigten Kleidungsstücken soll Knochenbrüche verhindert haben.

Jeweils am ersten Sonntag im Jahr, nach dem Nachmittagsgottesdienst, zog man in Eisfeld mit einer großen Strohpuppe zum Markt und verbrannte sie dort. Derlei Abrechnung mit einem Symbol des Winters ist in Thüringen nicht selten. So wurde in einer anderen Ortschaft eine Puppe, die der »Hullefra« Namen trug, in ein altes Faß gesteckt, durch das Spundloch erschossen und dann den Berg hinuntergerollt. Ungewöhnlich an der Eisfelder Verbrennung war allein der Termin mitten im Winter. Vielleicht wollte man dadurch der Forderung nach baldigem Rückzug der Schneemacherin umso mehr Nachdruck verleihen. In Eisenach jedenfalls, wo sich der »Sommergewinn«, das bedeutendste thüringische Frühlingsfest, bis heute erhalten hat, wartet man, bis die Kraft des Winters schon etwas erschöpft ist, ehe man ihn am Sonnabend vor Lätare verbrennt. Die Holle marschiert zwar ebenfalls mit durch die Straßen, bleibt aber verschont.

Der Hörselberg in einer alten Ansicht.

Nach all den Geschichten über diese Frau ist es an der Zeit, etwas zu ihrer Identität anzumerken – was nicht einfach ist. Die Schwierigkeiten beginnen mit ihrem Aufenthaltsort. Sie muß gleich etliche Nebenwohnungen haben. Der Hohe Meißner im Hessischen und der

Hörselberg bei Eisenach wurden bereits erwähnt. Doch auch im Kyffhäuser, im Holloch bei Kranichfeld und im Schlachtberg bei Frankenhausen soll sie zumindest zeitweiligen Aufenthalt genommen haben. Mit ihrem Namen gibt es nicht weniger Verwirrung: Frau Holle, Hulle, Rolle, Wolle und Werre. Das klingt, von letzterer Benennung abgesehen, alles noch irgendwie ähnlich. Daß sie aber auch hinter der Perchta steckt und im Wütenden Heer mitzieht, muß doch einigermaßen überraschen.

Bekanntlich gibt sich die Holle im südlichen Deutschland als Perchta aus. In Thüringen treffen sich beide: Der Perchta Reich umschließt das Saalfeldische und den Orlagau sowie den Osten des Landes. Auch sie ist alles andere als schön. In einer Überlieferung aus dem Saalfeldischen wird sie ein zottiges Ungeheuer geheißen. Wahrscheinlich und wie immer hat die Wahrheit ein doppeltes Gesicht. Der Gerechtigkeit wegen sollte man auch im Falle der Perchta beide zeigen. Außerdem liegt es an den Menschen selber, wie sie von ihr behandelt werden. Fleißige, gute Leute haben nicht das geringste zu befürchten, sondern werden von ihr belohnt.

Wer jedoch von der Arbeit, namentlich vom Spinnen, nicht viel hält oder der Perchta Tag spottet, der kann sich auch nicht beklagen, wenn sie ärgerlich wird oder gar böse und ihre Wut an den Betreffenden ausläßt. Dieses Ritual von Belohnung und Strafe belegt augenscheinlich die Bedeutung des Spinnens für den bäuerlichen Haushalt, aber auch jene der Rockenstuben im dörflichen Leben.

Zurück zur perchtischen Identität der Holle. Perchta oblag nämlich nicht nur die Kontrolle des Spinnens, sondern sie war außerdem für das Wachstum auf den Feldern und Fluren zuständig. Deshalb wollte sie die Ernte auch wohlverarbeitet wissen. In Buttstädt bei Weimar rüttelte man in den zwölf Nächten an den Obstbäumen und rief:

»Bäumchen schlaf nicht,
Frau Hulle kommt!«

Im Greizer Oberland schmückte man die Stämme mit bunten Bändern, damit es der Perchta gefalle. Doch die Menschen wollten oder konnten gut und böse nicht als zwei Seiten eines Charakters begreifen und im Falle der zauberischen Perchta schon gar nicht. So dürfte es jenem, der Zweifel an ihr säte und sie denunzierte, nicht schwergefallen sein, sie mit der Menschen Hilfe zu vertreiben.

Das »Wütende Heer« jagt zu Zeiten der Frühlings- und Herbststürme, vor allem aber während der zwölf Nächte über Thüringen und bevorzugt immer die gleichen Routen. So, aus Richtung Hörselberg kommend, über Wartberg und Gerberstein bis zum Flußberg. In Ostthüringen braust es aus dem Tal der Elster die Kamnitz herüber bis Mosen; von dort weiter über den Schlüsselberg nach Wünschendorf und Cronschwitz. Die Alten wußten wohl, woher und wohin der Wind wehte...

Der thüringischen Sage zufolge agiert Frau Holle selbst als wilde Jägerin. Verläßt für zwölf Tage an der Spitze ihrer schrecklichen, durch Scheunen und Häuser brausenden Schar den Hörselberg, um am 6. Januar wieder dorthin zurückzukehren. Aus Tambach-Dietharz liegen Nachrichten aus dem 16. Jahrhundert vor, daß beherzte Männer »die willen Frawen gejagt« hätten. Über den Erfolg dieser Aktion ist freilich nichts bekannt geworden.

Der sagenhaften Quellen über das »Wütende Heer« sind nicht wenige:

»In Wasungen, in einem Haus, darin drei Türen aufeinanderstoßen, hielt sonst in der Neujahrsnacht das wütende Heer mit Sang und Klang seinen Durchzug, und deutlich vernahm man dabei die Worte: ‚Umgürt mich und schürz mich, daß ich auch danach komm!' Es waren lauter krüppelige Gestalten, die darauf über die Werra hinüber ihre unbekannten Bahnen verfolgten. Einmal schnitt einer aus dem Heere in jenem Hause einen Laib Brot an, der, soviel auch davon gegessen wurde, die sieben Jahre anhielt, bis das Heer seinen Durchzug aufs neue begann. Ein Mädchen, das von einem Stübchen aus der Nachbarschaft das Heer vorüberziehen sah, foppte es mit den Worten: ‚Umgürt mich und schürz mich, daß ich auch danach komm!' Und im Nu waren zwei der häßlichen Krüppel an seiner Seite, schürzten und umgürteten es, nahmen es in ihre Mitte, und nie hat man wieder etwas von dem Mädchen gehört. – Ein Hammerschmied aus Unterschönau war in der Adventszeit gegen Mitternacht in seinen Pantoffeln aus dem Hause gegangen, die Schütze zu stellen. Da kam das wilde Heer gestürmt, packte den Mann und riß ihn mit sich fort über Berg und Tal. Als am andern Morgen die junge Frau ihren Mann suchte, fand sie nichts als die alten Schlappen am Grundwasser neben der Schütze. Sie wollte sie aufheben und mit ins Haus nehmen; sie waren aber so fest an den Boden gebannt, daß es weder ihr, noch ihren Nachbarsleuten möglich war, sie loszureißen. Und so blieben sie stehen. Sieben Jahre später hörte man in Unterschönau wieder um Mitternacht einen gräßlichen Lärm durch das Dorf ziehen, und gleich darauf pochte es an der Tür des Hammerwerks. Die Frau machte auf, und vor ihr stand ihr totgeglaubter Mann in seinen alten Schlappen. Das wütenige Heer hatte ihn an derselben Stelle wieder abgesetzt. Aber er konnte die Kost nicht mehr vertragen, und außerdem hatte seine Frau während seiner langen Abwesenheit einen anderen geheiratet; so starb er bald nach seiner Heimkehr. Wo der Hammerschmied in den sieben Jahren gewesen, hat niemand von ihm erfahren können« (Quensel).

Neben dem weihnachtlichen Jahresrhythmus, in dem die Holle aus dem Hörselberg fuhr, muß es noch einen anderen gegeben haben. Der Hinweis stammt von einem Mann aus Sättelstedt, der das »wisse wibje« gesehen haben wollte und behauptete, sie käme nur alle sieben Jahre heraus. Sein Bruder hätte es auch gehört: durcheinander hallende Stimmen und Bechergeklirr.

Da drinnen scheint es lustig hin und her und durcheinander zu gehen. Und: Auch Frau Venus soll mit von der Partie sein. Die Häßliche und die Schöne zusammen? Nein, das ginge nicht gut! Oder handelt es sich etwa um die gleiche Person? Ist des Tannhäusers Venusberg etwa der Hörselberg? Dann bekäme das um 1630 in einem hessischen Hexenprozeß von dem Angeklagten Diel Breule gemachte Geständnis, er fahre das Jahr viermal und zwar alle Fronfasten in den Venusberg zu Frau Holt, ein besonderes Gewicht.

Wer sich weiter mit der Beziehung Holle – Venus beschäftigen will, dem sei – nebst Geduld – Rudolf Baumbachs langes Gedicht »Frau Holde« empfohlen, in welchem die Beredete – »in grobes Leinen gehüllt den Leib, gekleidet wie ein Bauernweib« – als Beschützerin der Liebenden auftritt.

Der Dreikönigstag (Hochneujahr)

Da das einst mit diesem Tag verbundene Brauchtum in Thüringen größtenteils schon im 19. Jahrhundert verlorengegangen ist und allenfalls in den Krippenspielen überlebt hat, muß man bei der Spurensuche weit zurückgehen.

So führt Bechstein den Mohren in Coburgs Wappen und auf dem Zahlpfennig (das Herzogtum gehörte bis 1920 zu Thüringen) auf Balthasar zurück, dessen Leib – zusammen mit dem seiner beiden königlichen Gefährten – durch die Stadt transportiert worden sei, als man sie von Mailand nach Köln gebracht habe. Die Nachtrast wäre dazumal im sogenannten Stetzenbach vor dem Steintor erfolgt.

Auch eine alte Suhler Grube trug einst den Namen der heiligen drei Könige.

Die Spiele und Umzüge zum Dreikönigstag ähnelten den bereits erwähnten weihnachtlichen. Auch die Reaktion der Obrigkeit war die gleiche. In Erfurt wurden zu Beginn des 18. Jahrhunderts »empfindliche Schläge« und Gefängnis für das sogenannte »Christagieren« im Kirchenornat oder in närrischen Kleidern angedroht, und auch solche, die es nicht öffentlich, sondern heimlich taten, sollten von der Strafe nicht verschont bleiben. Dazu noch jene, »sie seyen jung oder alt, welche auf das Fest der h. drey Könige sich mit Larven und verkehrten Kleidern werden antreffen lassen«. Da es aber offensichtlich mehr als genug Arme gab, verordneten die Behörden, daß man jene lassen sollte in ihrem Tun, die anderen, unechten, aber fassen. Das Problem wird gewesen sein, gute und schlechte voneinander zu unterscheiden. So mußte noch ein halbes Jahrhundert nach dem erstmaligen Erlaß dieser wiederholt werden ...

Im Rudolstädtischen, so die Erinnerung eines damaligen Zeitgenossen, zogen noch um die Mitte des vergangenen Jahrhunderts am *»heiligen Dreikönigstage arme Kinder mit einem auf einer Stange befestigten Puppenhäuschen, in welchem eine den König Herodes vorstellende bewegliche Puppe zu sehen war, in den Dörfern umher und sangen: ‚Die heiligen drei Könige mit ihrem Stern' und sammelten Almosen. Gegen Ende der fünfziger Jahre habe ich diese Aufzüge das letzte Mal gesehen. In jener Zeit kam auch das Singen der Bettelkinder ab. Ich erinnere mich noch recht gut, wie Bettelkinder aus den hungerleidenden Walddörfern in Gruppen vor unser Haus kamen und ein Lied sangen. Später trat an Stelle des Gesanges das bloße Hersagen eines Gebets. Arme gebrechliche Personen, die ihr Leben nur durch Almosen fristen konnten, kamen damals nicht mit Leierorgeln. Sie beteten vor den Häusern und meistens so andächtig, daß ich als kleiner Knabe davon oft tief gerührt war. Jetzt scheint das Betteln ohne Gesang und Gebet kürzer und einträglicher zu sein.«*

Eine ausführliche Beschreibung des Sternsingens in Thüringen lieferte das »Journal von und für Deutschland« aus dem Jahre 1789:

»Drei junge Bursche, die zum gemeinsamen Unternehmen und Verdienst sich vereinigt hatten, waren mit langen weißen Hemden bekleidet, die ein mit Goldpapier überzogener Gürtel zusammenhielt; mit Goldpapier überzogene breite Wehrgehänge hingen über die Schultern und darin entweder hölzerne oder wirkliche Säbel. Zwei

führten vergoldete Spieße in den Händen und der dritte trug den sogenannten Stern. Der eine Bursche, welcher den Mohrenkönig vorstellte, war im Gesicht und an den Händen geschwärzt, hatte einen auf allerlei Art gezierten Turban auf, und hinten hing ihm ein langer steifer Zopf herab, der auch den beiden andern nicht fehlte zu ihren zackigen Kronen aus Goldpapier. Der Stern bestand aus einer Stange und einem darauf befestigten Brette. Auf diesem Brette sah man im Hintergrunde eine Art Schloß, mit Gold und Buchsbaum reichlich verziert. Auf der einen Seite war eine Laube von Buchsbaum, in welcher die kleinen drei Könige so lange verborgen blieben, bis das Lied ihre Erscheinung verlangte; an der andern Seite des Schlosses befand sich der Stall mit Joseph, Maria und dem Kindlein in der Krippe, dabei ein Öchslein und ein Eselein. Im Schloß selbst war in der Mitte ein großes Fenster angebracht, hinter welchem Herodes gewöhnlich mit einem braunroten, fürchterlichen Gesicht stand; eine große schwarze Perücke deckte seinen Kopf. Alle Figuren waren durch Schnüre in Bewegung zu setzen. An der Stange befand sich noch ein großer vergoldeter Stern, aus Pappendeckel gemacht, den der Sternhalter herumdrehte. Die ganze Schaustellung war mit einigen Lichtern erleuchtet.«

Altardecke mit Motiv »Anbetung der heiligen drei Könige«, Rudolstadt, um 1700 (Museum Eisenach).

Während das literarische Weihnachtsspiel bereits im 17. Jahrhundert verkam und allenfalls in bäuerlichen Fassungen in der Goethezeit nachweisbar ist, hielten sich die Umzüge noch bis in unser Jahrhundert hinein.

Ein ganz ungewöhnliches Fest gab es in Golmuthausen nahe Römhild, das sogenannte »Kitzgericht«:

»Alljährlich auf der heiligen drei Könige Tag findet sich der Beamte aus Behrungen (früher aus Herrenbreitungen) im Dorfe ein, die Gemeinde wird zusammengeläutet und sammelt sich auf dem nahegelegenen Schülershofe, wo die Lehnleute dem Beamten für den Lehnherrn ihre Erbzinse entrichten. Dann wird auf Kosten der Hofbauern Mahlzeit gehalten, die Weiber und Mädchen des Dorfes bringen einen oben mit Kranz geputzten, mit Haselnüssen, Zucker und Obst behangenen Buchsbaum, Schüsseln mit Aepfeln, Birnen und Muscatnüssen an geschlossenen Federspulen steckend, bleiben vor der Thür stehen und stimmen ein Neujahrslied an. Nach dessen Endigung geht die Kitzjungfer, d. h. das den Baum tragende Mädchen voran und überreicht ihn dem Amtmann, die Schlüsselträgerinnen folgen und Alle setzen sich zum Tische nieder. Findet sich eine fremde Frau oder Jungfrau zum erstenmal dabei, so wird sie gehänselt und muß der Gesellschaft eine Ergötzlichkeit geben. Nach dem Essen setzt sich der Amtmann oder wen er dazu bestellt, auf einen in die Mitte gestellten Drehstuhl, der Kitzstuhl geheißen, die Kitzjungfer und ihre Gesellschaft treten hinzu und Jede muß ihm einen Kuß geben. Bevor sie diesem alten Recht genug gethan haben, erlaubt er ihnen weder Musik noch Tanz, zu welchem Kitztanz aber kein Bauernbursch gezogen wird. Den folgenden Tag erscheinen die Lehenleute von Aubstadt, Hochheim, Irmelshausen und entrichten ihre Zinsen, nach eingenommener Mahlzeit reist der Beamte nach Behrungen zurück. Der ganze Vorgang wird das Kitzgericht genannt« (Witzschel).

Früher aß man zu Dreikönig Möhren, so in Töttleben, Gebesee und Ballstädt. Ihr Verzehr sollte fürs folgende Jahr viel »rotes Geld« (Gold) sowie Weisheit (weiß werden = weise werden) garantieren. Wie man sieht, waren diese Ableitungen ziemlich verwegen …

Zuletzt noch ein guter Rat, der nichts kostet und eine Probe wert ist: Die Namen der heiligen drei Könige auf Papier geschrieben und bei sich getragen, sollen vor allen Krankheiten und vor jedem Unglück schützen.

Literaturauswahl

ALLESTEIN, EMMA (d. i. M. N. SEMMEL): Das beste bürgerliche Kochbuch vorzüglich für das Haus berechnet. Gera 1886

ANDERSEN NEXÖ, MARTIN: Fliegender Sommer. Berlin o. Jg.

BARTHEL, FRIEDRICH (Hrsg.): Wie iech miech af Weihnachten fraa. Ein vogtländisches Weihnachtsbuch. Leipzig 1974

BECHSTEIN, LUDWIG: Thüringen in der Gegenwart, Gotha 1843; Thüringens Sagenschatz (5 Bd.). Quedlinburg o. Jg.

BÖHM, ALBERT: Lauschaer Leut. Gestalten und Namen vom Thüringer Wald. Jena 1965

EHRHARDT U. FISCHER: Das Ledermännchen. Sagen und merkwürdige Begebenheiten aus Jena und dem mittleren Saaletal. Jena o. Jg.

EICHHORN-NELSON, WALLY: Von Sonneberg zur Rennsteighöhe. Rudolstadt o. Jg.; Der betrogene Teufel. Berlin 1987; Heiteres von sonderbaren Waldkäutzen. Rudolstadt 1987.

EISEL: Sagenbuch des Vogtlandes. Gera 1871

GLASERALD U. NAUMANN: Trachten, Sitten und Gebräuche der Altenburger Bauern. Meerane 1927

HARTUNG, HUGO: Die Goldenen Gnaden. Festtagsgeschichten. Wien/Stuttgart 1960

HECKMANN, HERMANN (Hrsg.): Thüringen. Historische Landeskunde Mitteldeutschands. Würzburg 1990

HERRMANN, WERNER: Thüringen. Kulinarische Streifzüge. Künzelsau 1991

HOHENSTEIN, FRIEDRICH AUGUST: Weimar und Goethe. Menschen und Schicksale. Rudolstadt 1963

KAISER, ERNST: Landeskunde von Thüringen. Erfurt 1933

KÖHLER, J. A. E.: Volksbrauch, Aberglauben, Sagen und alte Überlieferungen im Voigtlande. Leipzig 1867

LUDWIG, OTTO: Der Rennsteig. Eine Wanderung über den Thüringer Wald. Rudolstadt 1964

MÜLLER, ARMIN: Auf weißen Pferden. Rudolstadt 1983

PETRY: Thüringer Haus- und Heilmittel. Weimar 1936

PESTALOZZI-VEREIN (Hrsg.): Thüringen in Wort und Bild. Frankfurt/Main 1981

PISCHEL, BARBARA: Die thüringische Glasbläserei. Weimar 1937

PRÄTORIUS: Weihnachtsfratzen. Leipzig 1663

QUENSEL, PAUL (Hrsg.): Thüringer Sagen. Jena 1926; Thüringen, Bielefeld und Leipzig 1933

REDSLOB, EDWIN: Deutsche Volkskunst, Band VII, Thüringen. München 1926

SCHLEICHER, AUGUST: Volkstümliches aus Sonneberg im Meininger Oberlande. Weimar 1858

SCHWEITZER, ALBERT: J. S. Bach. Leipzig 1954

SPAMER, ADOLF: Weihnachten in alter und neuer Zeit. Jena 1937

STAHL, ERNST (Hrsg.): Folklore in Thüringen. Tänze, Sitten und Bräuche, Erfurt o. Jg.

TILLE, A.: Geschichte der deutschen Weihnacht. Leipzig 1893

VOLK, MAX: Das Kirchspiel Steinach. Steinach 1949

WÄHLER, MARTIN: Thüringische Volkskunde. Jena 1940
WITZSCHEL, AUGUST: Sagen, Sitten und Gebräuche aus Thüringen. Wien 1878
WÜSTEFELD, K.: Aus der eichsfeldischen Heimat. Duderstadt 1925
WUCKE, CHRISTIAN LUDWIG: Sagen der mittleren Werra, der angrenzenden Abhänge des Thüringer Waldes, der Vorder- und der Hohen Rhön sowie aus dem Gebiete der fränkischen Saale. Eisenach 1891
Zwischen Saale und Orla. Heimatbuch des Kreises Pößneck. Pößneck 1957

Periodika

THÜRINGER MONATSBLÄTTER. Zeitschrift des Thüringerwald-Vereins e. V. Eisenach
THÜRINGEN – EINE MONATSSCHRIFT FÜR ALTE UND NEUE KULTUR. Weimar
BLÄTTER FÜR HEIMAT UND VOLKSKUNDE. Hildburghausen
MITTEILUNGEN DES GESCHICHTS- UND ALTERTUMSFORSCHENDEN VEREINS ZU EISENBERG
MITTEILUNGEN DES VEREINS FÜR GESCHICHTS- UND ALTERTUMSKUNDE ZU KAHLA UND RODA

Abbildungsnachweis

Die Schwarzweißabbildungen entstammen folgenden Quellen:

Fürstlich Reußischer Geraer Haus-Kalender für Stadt und Land auf das Jahr 1900. Gera; Abbildung Seite 5
Heimatkundliche Lesebogen des Kreises Hildburghausen. Nr. 13; Abbildungen Seite 85, 87
Mohn, V. Paul: Ludwig Richter. Bielefeld und Leipzig 1897; Abbildungen Seite 95, 128
Numismatische Hefte, Nr. 1 (Hrsg.: Gesellschaft für Heimatgeschichte Suhl, Bezirksfachausschuß Numismatik). Suhl 1981; Abbildung Seite 88
Puppen, Puppenstuben und Spielzeug (Ausstellungskatalog der Staatlichen Museen Schloß Burgk), 1984/85; Abbildungen Seite 45, 47, 49, 51
Quensel, Paul: Thüringer Sagen. Jena 1926; Abbildungen Seite 126, 142
Redslob, Edwin: Deutsche Volkskunst; Band VII, Thüringen, München 1926; Abbildungen Seite 30, 41, 42, 46, 75, 141, 146
Reinheimer, Sophie: Aus des Tannenwalds Kinderstube. Berlin-Schöneberg o. Jg.; Abbildung Seite 86
Richter, Ludwig: Lebenserinnerungen eines deutschen Malers. Würzburg 1985; Abbildung Seite 76
Stahl, Ernst: Folklore in Thüringen. Tänze, Sitten und Bräuche. Herausgeber: Bezirkskabinett für Kulturarbeit Erfurt, Thüringer Folklorezentrum. Erfurt o. Jg.; Abbildung Seite 140
Thüringen in Wort und Bild (Hrsg.: Pestalozzi-Verein). Frankfurt/Main 1981; Abbildung Seite 26
Thüringer Fibel. Leipzig 1928 (vierte Auflage); Abbildung Seite 81
Thüringer Kalender 1920 (Hrsg.: Thüringer Museum in Eisenach); Abbildungen Seite 2, 122
Thüringer Monatsblätter. Zeitschrift des Thüringerwald-Vereins e. V. Eisenach (verschiedene Jahrgänge); Abbildungen Seite 12, 32, 38, 97, 134, 136
Wähler Martin: Thüringische Volkskunde. Jena 1940; Abbildungen Seite 10, 77
Eine Fotovorlage (S. 106) stellte auch Herr Dr. Heinz Deubler, Rudolstadt, zur Verfügung.
Inhaber der Rechte an Abbildungen, die nicht ermittelt werden konnten, werden gebeten, sich mit dem Verlag in Verbindung zu setzen.

Danksagung

Für ihr Engagement beim Zustandekommen dieses Buches bin ich den Damen W. André, Museumsleiterin a. D. in Hildburghausen, und B. Tryonadt, Leiterin der Stadt- und Kreisbibliothek in Greiz, zu besonderem Dank verpflichtet.

Freundliche Unterstützung gewährten auch das Spielzeugmuseum Sonneberg, das Museum für Glaskunst in Lauscha, das Staatliche Museum Schloß Burgk, die Stadt- und Kreisbibliothek Bad Langensalza, die Wissenschaftliche Allgemeinbibliothek Gera (Abt. Regionalgeschichte), Frau Dr. Sigyn Hartung, München, und Herr Armin Müller, Weimar.

Frau Berta Mahr, Hummelshain, besorgte das schwierige Abschreiben meines Manuskriptes; Ingeborg Luthardt die Korrektur.

Ortsregister

Kursiv gesetzte Zahlen verweisen auf die Farbabildungen

Personenregister